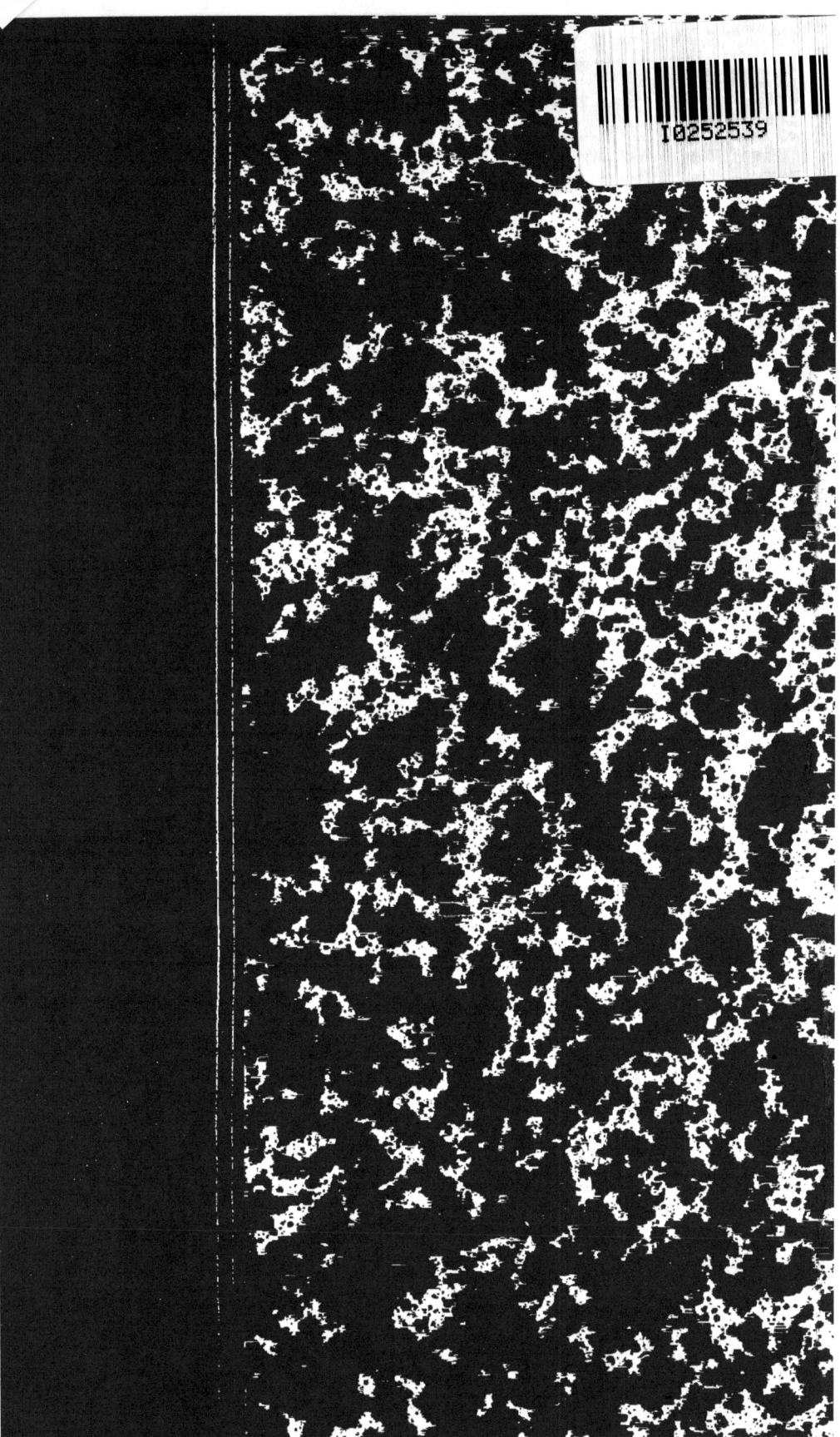

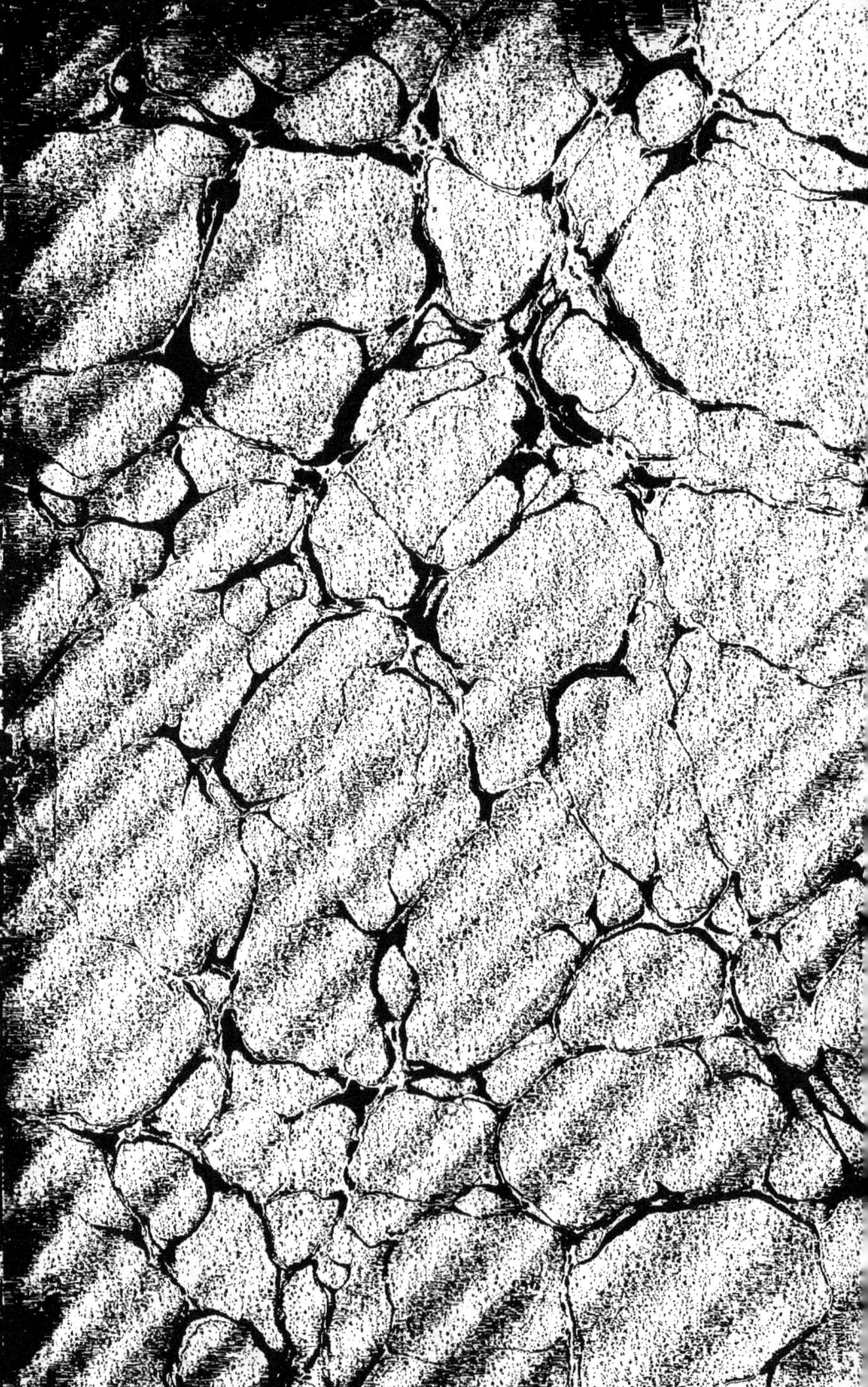

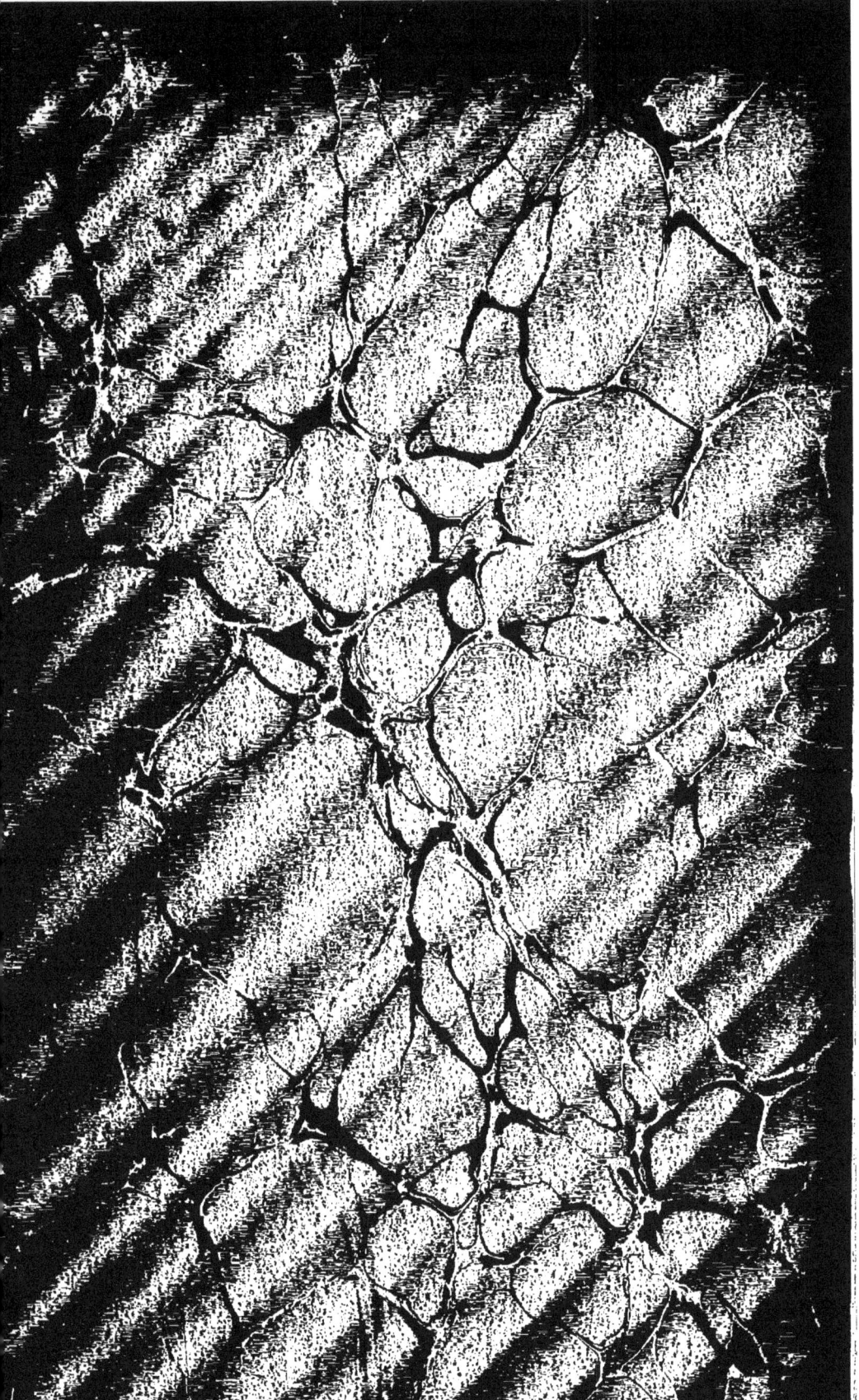

Le Cheval de Selle en France

par le Cte de Comminges

dessins de R. Gignoux.

4º S
1785

LE CHEVAL DE SELLE
EN FRANCE

L'auteur déclare réserver ses droits de reproduction et de traduction en France et dans tous les pays étrangers, y compris la Suède et la Norwège.

Ce volume a été déposé au Ministère de l'Intérieur (section de la librairie) en Septembre 1898.

COMTE DE COMMINGES

CAPITAINE AU 15ᵉ CHASSEURS

LE CHEVAL DE SELLE

EN FRANCE

DESSINS DE R. GIGNOUX

PARIS
ADOLPHE LEGOUPY

5, BOULEVARD DE LA MADELEINE, 5

1898

TABLE DES ILLUSTRATIONS[1]

	Pages
Veneur français	3
Clarisse, jument pur sang, née en Angleterre, au comte de C.	5
Ulster, irlandais par Commundrum et une fille de Doctor Syntax (École de Saumur)	13
X, hunter irlandais, poids lourd, importé par MM. Bartlett et Douai.	19
Donovan, hunter anglais, ayant appartenu au comte de C.	29
X, type de pur-sang d'armes	37
Lady-Spencer, hunter anglais, importée par M. Lamiche, ayant appartenu au comte de C.	41
X, hunter poids moyen	53
Girl-the-first, trotteur normand par Dictateur et Espérance (fille de Trotting-Ratler), né en 1884 chez M. Fonlupt à Caudebec-lès-Elbeuf. A gagné à quatre ans 9.607 francs en courses au trot. Les représentants de la famille Dictateur manquent de noblesse, mais ont de grandes qualités au trot (Ray-Merchant, Bayard IV, ont été achetés 12.000 et 8.000 francs par les Haras. Dictateur II est étalon approuvé).	57
Capucine, par Conquérant (fils de Kapirat) et de Fortuna, pur-sang (fille de Tonnerre des Indes); beau modèle de demi-sang galopeur, gagnante de 127.000 francs, au trot	57
X, hunter irlandais, pour poids lourd	61
Flatteur, pur-sang anglais par Mortemer et Fille du Ciel, mis en sauteur par le lieutenant écuyer Morgon (Saumur)	65
X, hunter irlandais sautant, campagne de Rome	69
X, hunter irlandais sautant, campagne de Rome	69
Royal Danegelt, étalon hackney, né en 1894 (Angleterre)	77
Princess, jument hunter anglaise, ayant appartenu à l'équipage des Pau-Houds	77
X, poulinière suitée	85
Atalanta, anglo-normand, reproduction du dessin d'Alfred de Dreux	93
Niger, trotteur normand par Norfolk-Phœnomènon (fils de O. Phœnomènon et d'une jument mecklembourgeoise) et Miss Bell, jument trotteuse américaine	93
Tigris, trotteur normand par Lavater et Modestie (fille de The-heir-of-Linne, pur-sang), né en 1875 chez M. Alix Courboin à Saint-Côme-du-Mont (Manche)	101
Ossian, demi-sang normand par Fataliste et une fille d'Étendard (par Lavater)	101
Cherbourg, trotteur normand, né chez M. Hervieu, à Petitville (Calvados), par Normand et Peschiera; n'a du pur sang que loin dans son pedigree, père de 79 étalons des haras	109

[1] Tous les dessins sont des portraits faits en 1897 et 1898.

TABLE DES ILLUSTRATIONS

Hoc, demi-sang normand par un trotteur normand et Quiribelle, pur-sang (Caen), mis en sauteur par le lieutenant écuyer de Kiss (Saumur). ... 109

Géomancie, anglo-normande par Quality et Bijou, née à Sainte-Mère-l'Église chez M. André, appartient au lieutenant de Lagarde, des batteries de la 3e division de cavalerie. ... 113

Kœnig, demi-sang normand par Éclaireur et une fille de Niger (École de Saumur). ... 113

Quirita, demi-sang vendéen par Kœnigsberg demi-sang normand et Merveille demi-sang vendéen, offerte par les éleveurs de Vendée à M. le Président de la République. ... 119

Lavaret, demi-sang vendéen par Beaurepaire pur sang et Surprise II, né et élevé par M. Blay à Nalliers (Vendée), appartient à M. P. Guillerot. 119

Jéhu, demi-sang charentais par Quibbler demi-sang normand et une fille de Tant-Mieux, appartient à M. le commandant de Vaulogé, écuyer en chef à Saumur. ... 125

Kellerman, demi-sang charentais par Quibbler et une jument du pays. . 125

Mina, demi-sang breton race Corlay par Seymour pur-sang et Pistone demi-sang. ... 133

X, type de cheval race Corlay croisé Norfolk. ... 137

Nitot, demi-sang nivernais (École de Saumur). ... 143

Gladiateur, demi-sang nivernais par As-de-Pique (fils de Lavater) et Sophie (fille de Honga demi-sang normand), appartient au comte de C. . 145

Odessa, demi-sang charollais (École de Saumur). ... 149

Derline, demi-sang limousin par Princeps pur-sang et Agresta (fille d'Agreste demi-sang limousin), élevé par Mme Baudon de Mony, au Dorat, appartient à M. du Châtenet. ... 151

Gabriel, demi-sang limousin, appartient au comte M. Pillet-Will. ... 153

Hoc, double poney, demi-sang limousin par Volontaire pur-sang. ... 155

Doyenne, pur sang anglo-arabe par Fligny pur-sang anglais et Harmonie pur-sang anglo-arabe (par Stockwel et Lila). ... 157

Maud, demi-sang limousin par Fligny pur-sang anglais et une fille de Kopeck. ... 157

Trompeur, demi-sang limousin par Chester demi-sang du Midi et Fadette (fille de Little Wonder), appartient au comte de C. ... 159

Vénus, poney demi-sang limousin par Volontaire pur-sang, appartient au comte M. Pillet-Will ... 159

Perdrix, jument tarbaise, appartenant à M. R. Bertin. ... 163

X, type de jument demi-sang du Midi (15e régiment de chasseurs). ... 169

Caramel, demi-sang du Médoc au lieutenant Albaret, lauréat de concours hippiques ... 169

Rutilant, pur-sang anglo-arabe par Afrin, pur-sang arabe et une fille de Chant-du-Cygne. ... 177

Mak, anglo-arabe par Ben-Maksoude pur-sang arabe et Baronne pur-sang anglais, type du demi-sang du Midi (École de Saumur). ... 177

Panchito, poney du Gers, appartenant à la comtesse de C. ... 185

TABLE DES MATIÈRES

Avant-Propos xi

CHAPITRE PREMIER. — *Le cheval de selle.* — Les formes utiles. — Ses proportions. — Sa beauté type. — Le pur-sang. — Le demi-sang galopeur. — Le cheval de la Guérinière. — Le cheval de la commission d'hygiène hippique au ministère de la guerre. — Système des compensations pour chevaux disharmoniques. — Le sang et la trempe. — Beautés recherchées chez le cheval par les Orientaux, par les Anglais, par les Russes, par les Allemands, par les Austro-Hongrois. Les peuples cavaliers. — Leurs chevaux. — Leurs allures. 1

CHAPITRE II. — *Le modèle du hunter et du cheval d'armes.* — Portrait du hunter. — Taille du hunter. — Age utile du hunter. — Le jeune cheval en France, en Angleterre. — Le vieux hunter. — Couleurs de la robe du hunter. 22

CHAPITRE III. — *Le degré de sang du hunter et du cheval d'armes.* — Pourquoi le pur-sang est peu recherché par la majorité des sportsmen français : il est soi-disant difficile à monter. — Il est méprisé et méconnu des vétérinaires civils. — Il n'est pas de vente courante. — Mêmes remarques pour le demi-sang. — Préférence accordée aux pur-sang et demi-sang anglais par les Prussiens, les Hongrois, les Anglais. — Cherté du cheval de pur sang. — Prétendu manque de rusticité du pur-sang. — Les snobs du pur-sang. — Le cheval de sang en Angleterre: causes de sa grande production. — Avis de M. le marquis de Mauléon sur le pur-sang. — Communication de M. Jacoulet sur le pur-sang à la Société centrale de médecine vétérinaire. – Ce qu'il faut entendre par demi-sang. 34

CHAPITRE IV. — *Où achète-t-on un hunter?*

1º Chez l'éleveur. — Rareté du cheval de selle en France plus apparente que réelle. — Différents pays d'élevage. — Type carrossier actuellement en honneur. — Utilité du trotteur. — Rareté du cheval d'âge. 51

2° Chez le marchand. — Le bon et le mauvais marchand. — Le bon et le mauvais client. — Pourquoi un beau et bon cheval vendu un prix raisonnable n'est presque jamais français. — Hunters et diverses provenances : français, irlandais, anglais, belges, américains. — Modèles médiocres, mais satisfaisant la clientèle, des chevaux importés par les marchands. — Idées fausses des cavaliers français sur la valeur des chevaux. — Façon d'acheter un cheval. — Cheval donné à l'essai. — Vices rédhibitoires et vices en matière de vente. — Maquignons et courtiers. 56

3° Dans les foires. 81

4° Chez les particuliers. — Essai sérieux et nécessaire. — Renseignements presque toujours erronés. — Bonnes occasions fréquentes. — Vente de chevaux après saison de chasse. 82

5° Ventes publiques. — Le cheval de service. — Le cheval de pur sang. 87

6° Au concours hippique. — Modèles qu'on y trouve. — Prix qu'on les paye. — Prix internationaux. — Prix d'obstacles. — Bons hunters qu'on y rencontre. — Vente publique de clôture. — Agences spéciales. 87

CHAPITRE V. — *Au pays d'élevage.* — *Normandie.* — (Deux régions bien distinctes : 1° Normandie, Vendée, les Charentes, la Bretagne, le Nivernais ; 2° le Limousin, le Midi.) — 1° EN NORMANDIE. — Historique. — Cheval indigène. — Croisements danois sous Louis XV. — Anglais sous Louis XVI. — De 1805 à 1820, divers. — En 1820-1830-1870 anglais. — Puis fixation de la race trotteuse demi-sang. — Belles origines des pur-sang ayant créé le trotteur. — Opinion d'un célèbre sportsman allemand. — Trotteurs modernes le plus près du sang. Harley et James Watt. — Le pedigree de Phaéton et de Corlay. — Le vendeur normand. — Le type idéal de l'anglo-normand. — Les marchands. — Les écoles de dressage. — Foires. — Concours. — Transformation de l'allure chez le trotteur. — Le flying-trot. — Les chevaux de selle ne peuvent être appréciés que par ceux qui les montent. — Nécessité de la sélection des étalons autrement que par le record. — Une nouvelle infusion de sang pur est-elle probable ? — Le trotteur, tel qu'il est, pourrait produire bien avec de bonnes poulinières. — Rareté du cheval d'âge. — Les chevaux achetés par les remontes, les haras, les marchands. — L'élevage à Caen, dans le Bessin, à Isigny, Val-de-Serre, Carteret, le Merlerault, etc. 90

CHAPITRE VI. — *Au pays d'élevage.* — *En Vendée.* — *En Charentes.*

1° EN VENDÉE. — La Société hippique de l'Ouest. — Bon modèle du carrossier vendéen. — Étalons de demi-sang. — De pur sang. — Centres hippiques. — Les meilleurs chevaux dans le Marais ouest. — Quirita. — École de dressage. — Importations venant du Limousin. — Progrès réalisés par les éleveurs des anglo-vendéens. — La supériorité des anglo-vendéens sur les normands. . . . 117

2° En Charentes. — Origine et étendue des pâturages. — Bons chevaux de remonte. — Bons modèles de hunter, mais majorité de carrossiers. — Haras de Saintes. — Rareté du cheval d'âge. — Progrès de l'élevage du cheval propre à la selle. — Importation de chevaux venant du Midi. — Les bons modèles de ces derniers chevaux achetés par le dépôt de remonte de Saint-Jean-d'Angely. 122

CHAPITRE VII. — *Au pays d'élevage.* — En Bretagne. — Petitesse de taille du hunter breton. — Sa rareté comme modèle parfait. — Historique. — Bonne renommée de rusticité du cheval breton. — Influence du pur-sang anglais. — Arabe. — Trotteur normand. — Norfolk. — L'étalon Corlay. — Trois régions d'élevage : 1° Le littoral de la Manche. 2° Le Léon. 3° La Cornouailles. — Les poulinières de la montagne bretonne. — Concours hippique de Saint-Brieuc. — Principaux éleveurs de demi-sang 128

CHAPITRE VIII. — *Au pays d'élevage.* — 1° *Le Nivernais.* — 2° *Le Charollais.*

1° Le Nivernais. — « Normand », à M. de Bricourt. — La Société d'agriculture de la Nièvre. — Les pâturages. — Le modèle. — La taille. — Les robes. — La vitesse. — Les allures. — Cheval à deux fins. — Succès aux concours. — Poulinières. — L'étalon trotteur. — Le norfolk. — Ulrich, demi-sang trotteur. — Étalons de demi-sang; de pur sang. — Stromboli, pur-sang. — Éleveurs de pur-sang; de demi-sang. — Société hippique. — Concours. — Écoles de dressage. — Prix d'achat. — Chevaux d'âge. — Foires. . . 140

2° Le Charollais. — Les pâturages. — Le type des chevaux. — Réunions hippiques. — Le Charollais au concours de Paris. — Supériorité du Nivernais sur le Charollais. — Étalons du haras de Cluny. — Éleveurs. — École de dressage de Charolles. 147

CHAPITRE IX. — *Au pays d'élevage.* — *En Limousin.* — Excellence du cheval limousin pour poids moyen. — Ancienne renommée. — Influence du pur-sang. — Croisements utiles. — L'étalon de demi-sang du pays. — L'anglo-arabe. — Le normand. — Desiderata des éleveurs. — Poulinières. — Modèle du Limousin. — Taille. — Robe. — Éleveurs. — Prix d'achat des poulains. — « Boizard », vendu 10,000 francs. — Concours de Vichy. — La Souterraine. — La Creuse. — Haras de Pompadour. — Chevaux d'âge. — École de dressage de Limoges. — Concours du Dorat. — Foires. 150

CHAPITRE X. — *Au pays d'élevage.* — *Les chevaux du Midi.* — Les chevaux de selle sont au-dessous de la Loire. — Géographie hippique du bassin de la Garonne. — Historique du cheval du Midi. — Étalons employés par les éleveurs actuels. 162

1° Le cheval du Médoc. — Élevage. — Poulinières. — Mauvaise hygiène. Haras de Libourne. — Noms de quelques chevaux hunters de qualité. — Centres d'achats et éleveurs. 167

X   TABLE DES MATIÈRES

2º Le cheval du Midi. — Régions où se localisent les meilleurs hunters.
— Bons sauteurs. — Fond des chevaux dits « du Gers ». — Bonne
influence de l'exercice. — Influence du sang. — Hackneys. — Avis
de M. le marquis de Mauléon sur l'élevage du Midi. — Influence du
pur-sang. — De l'anglo-arabe, du norfolk, du normand, le demi-
sang du Midi. — L'élevage du pur-sang anglais et anglo-arabe. —
Éleveurs de chevaux du Gers. — Importations de chevaux tarbais
dans les Charentes et en Vendée. — Les poulinières. — La meilleure reproductrice. — Foires, concours. — Écoles de dressage. —
Importations de chevaux américains. — Les courses au trot, les
poneys du Midi.   171

Tableau synoptique des foires aux chevaux en France.   186
         —   —   —   d'Angleterre et d'Irlande. . . .   190

AVANT-PROPOS

Cette étude a pour but d'essayer d'établir qu'en France, si notre élevage recevait une autre orientation, il serait facile de faire des chevaux ayant le type dit HUNTER, c'est-à-dire du *demi-sang galopeur sous du poids*.

Elle a aussi pour but de prouver que, si ce cheval est rare, il existe cependant; « il est à l'état latent » a écrit M. de Lonccy; elle en décrit quelques centres de production.

Enfin, cette étude affirme que le cheval de selle pour poids moyen se trouve en France, qu'on en rencontre des échantillons nombreux, de très bon modèle et d'excellente qualité.

Je fais d'autre part mon possible pour indiquer les régions où l'on pourra trouver un cheval — un poulain — du modèle de selle pour gros poids et qu'on le paiera, au surplus, ridiculement cher.

D'après les renseignements les plus certains un tel cheval doit être vendu plus de 3,000 francs (cinq ans) pour que son éleveur joigne les deux bouts, en couvrant ses frais. Les gens qui élèvent pour l'honneur sont rares.

Il faut être persuadé qu'à l'heure actuelle, le cheval ayant *l'ossature d'un Madeleine-Bastille, et la distinction, l'adresse, la vitesse d'un pur-sang*, ne se trouve couramment qu'en Irlande ou en Angleterre.

Évidemment, nous ne manquons pas de gros chevaux en France, qui au pas ou en station, voire au trot porteraient l'obélisque; mais nous n'avons pas le cheval qui galope vite sous gros poids; nos chevaux n'ont ni l'épaule, ni l'ouverture et la direction des jarrets, ni la poitrine nécessaires à cette allure, et que possèdent seuls les hunters anglais. On trouvera dans le corps de cette étude les causes de ce si grave défaut de conformation.

Qu'on veuille bien ne pas me faire dire ce que je ne pense pas; c'est que tous nos gros chevaux de selle soient massifs, communs et impropres au galop. Il y a des exceptions, et on en trouve jusque dans nos régiments de cuirassiers et dans quelques rares écuries d'entraînement au trot.

Je ne m'occupe qu'incidemment du pur-sang, je l'envisage surtout au point de vue de l'amélioration des races. Il est hors de doute que pour un vrai cavalier, il soit le *seul* cheval.

Si nous descendons l'échelle des poids à porter, notre élevage peut soutenir la comparaison plus facilement avec beaucoup de pays. Dans le Limousin et le Midi, le hunter léger existe, on peut le trouver sans beaucoup de peine.

Mais là aussi, on se heurtera à des modèles déformés par des croisements malheureux contre lesquels la plupart des éleveurs, et les haras eux-mêmes, commencent à réagir.

En constatant la rareté du cheval de selle en France, je n'accuse pas les éleveurs, mais les acheteurs.

En France on n'achète pas de chevaux de selle. Il est donc tout naturel qu'on n'en produise pas.

En effet tout sportsman français demande *avant tout* à son cheval de s'atteler et sagement encore..... J'avoue qu'il est très bon d'atteler les chevaux de selle, à tous points de vue, mais dans ce cas, l'attelage doit être un supplément et non la chose principale. Or, en général, les acheteurs demandent plus de service à leurs chevaux au harnais qu'à la selle.

De plus le sportsman français n'hésite jamais, entre deux chevaux dont le pire coûte 300 francs de moins que l'autre qui est bon, à acheter le meilleur marché. Tout rare qu'il est, le cheval de selle existe pourtant en France, je le répète. La grande majorité des chevaux aptes à la selle est achetée par la remonte. Si ceux qu'elle abandonne pour une cause ou pour une autre, atteignent chez leur éleveur, un certain âge, s'ils sont convenablement nourris et s'ils sont soumis à une bonne gymnastique fonctionnelle, s'ils sont d'un bon modèle de selle, ils coûteront très cher et l'éleveur n'y gagnera pas grand'chose. — Mais ces chevaux sont l'exception. Une des causes principales du manque de bons chevaux de selle est que dans beaucoup de régions les poulinières sont mauvaises. Les éleveurs ne gardent pour en faire des mères que les pouliches qu'ils n'ont pu écouler.

Que ne faisons-nous comme les Anglais! La base de leur élevage est une sélection rigoureuse, facilitée par la compréhension hippique naturelle au dernier des « cockney ».

Chez nous, on compte sur la constitution du sol, sur les milieux climatériques, sur le hasard pour créer des chevaux. Le rôle de ces deux premiers facteurs est énorme, je n'en disconviens pas, mais, même avec l'appoint du troisième, ils ne suffisent pas.

En Angleterre on fait dans chaque région les animaux qu'on veut, hunters, roadsters, hackney, pur-sang, ou chevaux de labour. Mais là où le sol est plus favorable à telle race, la voit-on s'épanouir dans cette région dans une qualité et une quantité suffisantes au delà même des besoins.

Il n'y a chez nous, à proprement parler, pas de *race* de chevaux de selle. (Le mot race est-il « propre » au point de vue zootechnique?) Nos beaux chevaux de selle sont des « accidents répudiés avec mépris par le harnais » comme inutiles et non de vente courante.

Je fais une exception pour la race anglo-arabe dont les haras s'occupent avec zèle et qu'on arrivera certainement à fixer. En dehors d'elle, on ne fait que des sujets d'exception et non de la production suivie et homogène.

J'ai été plusieurs fois obligé d'effleurer la question du trotteur, car je l'ai rencontré partout.

Je n'ai pas tenu compte en le jugeant des bénéfices industriels qu'il rapporte à ses fabricants, mais je n'ai envisagé cet animal qu'au point de vue de son aptitude à la selle, c'est-à-dire du galop.

Un cheval dont tous les appareils sont, par sélection, agencés de telle sorte qu'ils concourent au maximum de vitesse du trot, galopera-t-il facilement? Il est évident qu'on discutera longtemps sur cette question. Les deux camps *ont des intérêts différents*, partent d'un point de vue différent, pour arriver à un but différent. Ils ne s'entendront jamais.

D'un côté sont les hommes qui se servent du cheval *pour monter dessus* et marcher vite, à la chasse ou à la guerre; de l'autre ceux qui se rendent à pied, à bicyclette, en automobile, en chemin de fer ou en voiture aux courses au trot et au galop, ou chez un banquier toucher le fort chèque produit de l'élevage de leur trotteur carrossier.

Ces derniers veulent imposer leur trotteur : « Prenez mon ours, disent-ils, il est bon pour tout : comme cheval de selle, de voiture, de chasse, d'armes, de concours hippique. Il est bon comme reproducteur et comme étalon de croisement. »

Les hommes qui montent à cheval par goût et par devoir, beaucoup plus modérés, répondent : « Gardez-le encore quelque temps, votre ours! Quand il sera bon pour le service de selle — et il faut faire peu de chose pour cela — vous le savez bien! nous serons trop heureux de le prendre, car il a de la qualité. En attendant, faites-le courir, gagnez dessus, attelez-le puisque vous ne savez ni n'aimez monter à cheval... Mais n'exigez de nous, ni de monter dessus, ni d'applaudir quand on s'en sert comme reproducteur pour fabriquer des « monstres à courir le trot » comme lui... Et la preuve que vous pouvez en faire et de beaux, c'est que vous en avez fait. Vous ne les avez peut-être pas fabriqués exprès, mais il y en a. Ceux-là nous les admirons, nous nous en servons, mais nous voulons qu'ils soient *tous* aussi bons! »

— Nous les achèterez-vous, répondent les trottingmen.

— Voilà le hic? Adressez-vous à l'État, c'est lui qui devrait vous les commander et vous les payer, puisque c'est lui le gros consommateur!

Et c'est toujours à la question d'argent qu'est arrêtée cette discussion; mais parce qu'une forme de cheval rapporte à son éleveur, il ne faut pas en conclure que cette forme soit celle du cheval de chasse ou d'armes; il ne faut pas non plus du haut d'un pur-sang, décider, parce qu'il y a de vilains et de mauvais trotteurs, que ces chevaux ne valent et ne vaudront jamais rien, on se tromperait grossièrement, si on était de bonne foi.

Le lecteur voit à quel point de vue je me place; il ne sera donc pas étonné en lisant dans le chapitre relatif au cheval normand, que, en Normandie, où on pourrait faire naître le premier cheval de selle du monde... il n'existe qu'à l'état d'exception, et son propriétaire en est honteux comme une poule qui aurait couvé des canards.

En traitant les différents sujets de cette étude, j'ai été entraîné à parler de bien des choses sportives qui ne s'y rapportent qu'indirectement. Je prie encore le lecteur de m'excuser du manque de clarté dans l'exposé d'une matière si touffue.

Quant aux pays d'élevage, la description que j'en fais est d'après mon impression première et personnelle. J'ai dû par conséquent commettre quelques erreurs. Je me suis pourtant adressé pour éclairer mon opinion aux renseignements complémentaires qu'ont bien voulu m'envoyer M. le vicomte de Chezelles, M. Blondin, directeur de l'école de dressage de Caen, pour la Normandie; M. Ouizille, M. le vicomte de Kertangny, M. du Breuil de Marzan, M. le comte H. de Robien, etc., pour la Bretagne; M. P. Guillerot, éleveur très éclairé de Vendée, M. le baron de Cugnac, directeur de l'école de dressage de Rochefort, M. Boyron, directeur de l'école de dressage de Limoges, M. le vicomte de Saint-Genys et M. de Bricourt pour la Nièvre et le Charollais; M. Baraille, directeur de l'école de dressage de Bordeaux, M. le marquis d'Ayguesvives et M. le marquis de Mauléon, M. Burguès, directeur de l'école de dressage de Tarbes, et M. Fauré, marchand de chevaux à Castelnaudary, pour le Midi.

Quelques-uns de ces messieurs voudront bien m'excuser si je ne suis pas complètement de leur avis sur ce que certains d'entre eux nomment « des chevaux de selle », et sur la préexcellence à le produire de la région qu'ils habitent. A les lire, il n'y a de beaux chevaux que chez eux, et ceux du voisin sont très médiocres.

J'ai surtout insisté sur les pays dont je connaissais personnellement l'élevage et dont j'ai souvent acheté et monté les chevaux. Je veux parler de la Normandie, du Limousin, de la Nièvre et de tout le Midi.

Je me suis adressé pour avoir des renseignements certains sur les autres régions que je connaissais moins, bien qu'en ayant fréquenté les produits — à des sportsmen d'une autorité hippique indiscutable.

Quant aux régions dont je ne connaissais en aucune façon l'élevage, je les ai absolument passées sous silence.

Si çà et là, je donne mon avis sur l'élevage proprement dit et ses procédés, je m'en excuse à l'avance.

Je suis trop peu expérimenté pour être un donneur de conseils.

Cette étude n'est écrite ni pour les savants zootechniciens, ni pour les éleveurs de profession, ni pour les hommes de cheval ayant quelque expérience...

Je la dédie a ceux-la seuls qui, ne sachant rien de notre élevage national, veulent cependant acheter un cheval de selle français.

COMMINGES.

Décembre 1897.

LE
CHEVAL DE SELLE
EN FRANCE

CHAPITRE PREMIER

Le cheval de selle

Ses formes utiles. — Ses proportions. — Sa beauté type. — Le pur-sang. — Le demi-sang galopeur. — Le cheval de la Guérinière. — Le cheval de la commission d'hygiène hippique au ministère de la guerre. — Système des compensations pour chevaux disharmoniques. — Le sang et la trempe. — Beautés recherchées chez le cheval par les Orientaux, par les Anglais, par les Russes, par les Allemands, par les Austro-Hongrois. Les peuples cavaliers. — Leurs chevaux. — Leurs allures.

Avant de vous déplacer et d'aller, soit dans les centres d'élevage, soit chez un marchand de Paris ou d'une grande ville, il faut savoir exactement *quel cheval vous voulez*, juger modestement quel degré de sang et quel caractère peut avoir cet animal pour que vous fassiez bon ménage avec lui, et enfin à quel genre de service vous voulez l'employer.

Ces différents renseignements sont fort difficiles à obtenir de soi-même ; on sait à peu près quel cheval on est capable de monter, on préjuge facilement le service auquel il est destiné. Mais avoir « dans l'œil » le cheval qu'on veut, le cheval type, cela, c'est difficile, et je connais très peu de gens, même réputés parmi les malins, qui soient capables d'avoir cette exacte notion. Elle ne s'acquiert que par une longue habitude, et il faut bien se mettre dans la tête que l'étude approfondie de toutes les hippologies ne la donne pas au « bon élève ».

D'aucuns ont ce don de naissance, et ces bonnes dispositions se développent sous l'influence de milieux propices.

On s'imagine aussi à tort que l'appréciation du bon modèle d'un cheval peut être livrée au goût personnel de chacun. J'ose affirmer qu'il n'existe qu'un type : **le bon**. Toutefois, ce modèle du cheval peut et doit varier dans ses particularités selon l'emploi auquel il est destiné.

Il faut donc dire : « J'aime à monter un cheval d'omnibus, ou je préfère la ficelle du Cosaque. J'aime un hunter pouvant galoper vite sous mon poids lourd, ou un pur-sang capable de me gagner quelques militarys. Je ne veux qu'un cheval qui marche très vite le trot sans secouer ma bedaine, ou bien un superbe carrossier pour parader dessus, dans ma grande tenue de général. »

A chacune de ces variétés correspond un type spécial et je dirai presque unique, et c'est de la beauté absolue de ce type particulier que doit se rapprocher l'animal choisi. C'est-à-dire que si quelqu'un aime monter un gros cheval, il ne doit pas pour cela acquérir une réforme de la Compagnie des gros transports.

Mais sur quelles bases peut-on établir l'appréciation de la beauté chez le cheval? Sur une seule base, mais large et solide : **l'utilité**.

La beauté n'a pas été créée pour seulement charmer les yeux de l'homme, et Darwin dit avec raison « que tout détail de conformation chez les êtres vivants est encore aujourd'hui, ou a été autrefois, directement ou indirectement utile à son possesseur ».

Et lorsqu'un éleveur veut, par sélection, perfectionner son élevage, il ne va pas, entre deux étalons dont l'un est élégant à son avis, mais s'est montré impropre au service auquel on destine son produit, et l'autre jugé moins beau, mais plus apte, il ne va pas, dis-je, choisir le premier; ou plutôt il ne devrait pas le choisir; et, le faisant, il va à l'encontre de la loi de la sélection naturelle qui transforme une espèce, en sacrifiant le plus faible au plus fort, le moins apte au plus apte. Puisque cet éleveur se substitue à la nature, il a le devoir de préférer l'*utile* à l'*inutile*, et c'est l'*utilité* seule du plus ou moins de

VENEUR FRANÇAIS.

longueur, de largeur, ou de grosseur, de certains appareils qui constitue la **beauté** de l'ensemble.

Si une encolure courte et rouée aidait à la locomotion, si un dos plongé était prouvé celui qui porte le mieux une lourde charge, l'encolure courte et le dos creux seraient devenus des signes de beauté. De même un front large est plus beau qu'un front étroit parce qu'il contient plus de cervelle, et une poitrine profonde est préférable à une poitrine étroite parce que les organes de la respiration qu'elle renferme sont plus développés.

En détaillant le cheval d'un bout à l'autre, il me serait facile de prouver que chacune des parties de l'extérieur doit être réputée d'autant plus *belle* qu'elle est mieux disposée pour le but d'*utilité* auquel on destine son possesseur. Ce sont la réunion de toutes ces lignes d'utilité, leur harmonie, leur ensemble qui font qu'un cheval est parfait. Une (ou plusieurs) de ces lignes vient-elle à défaillir dans le sens d'une utilité moins grande, le cheval est laid dans un ou plusieurs points de son extérieur.

Toutes ces lignes font-elles défaut, votre cheval d'omnibus, eût-il le poids d'un bel éléphant, votre claquette eût-elle la grâce d'une « gentille gazelle », tous les deux seront *laids* parce qu'*inutiles*.

Il est donc nécessaire de savoir quelles sont les formes et les proportions utiles chez le cheval.

Les formes utiles s'apprécient à la longue. On peut être aidé dans l'étude de cette science par les écrits des hommes de cheval et des hippologues, par les leçons reçues dans les écoles, et par l'usage constant du cheval ou pour mieux dire des chevaux ; car il faut en changer souvent pour bien les connaître. Dans les écoles de cavalerie, on fait de l'histoire, de la géographie, de l'artillerie, etc., on apprend à conduire une machine à vapeur, on monte (pas beaucoup) à cheval ; quant à l'hippologie, elle est peu professée et d'une façon si peu pratique que les officiers rentrent dans les régiments ne sachant absolument rien que quelques vagues nomenclatures.

Le sentiment des proportions est très difficile à acquérir. Là, le livre, la théorie, sont absolument inutiles. Les règles

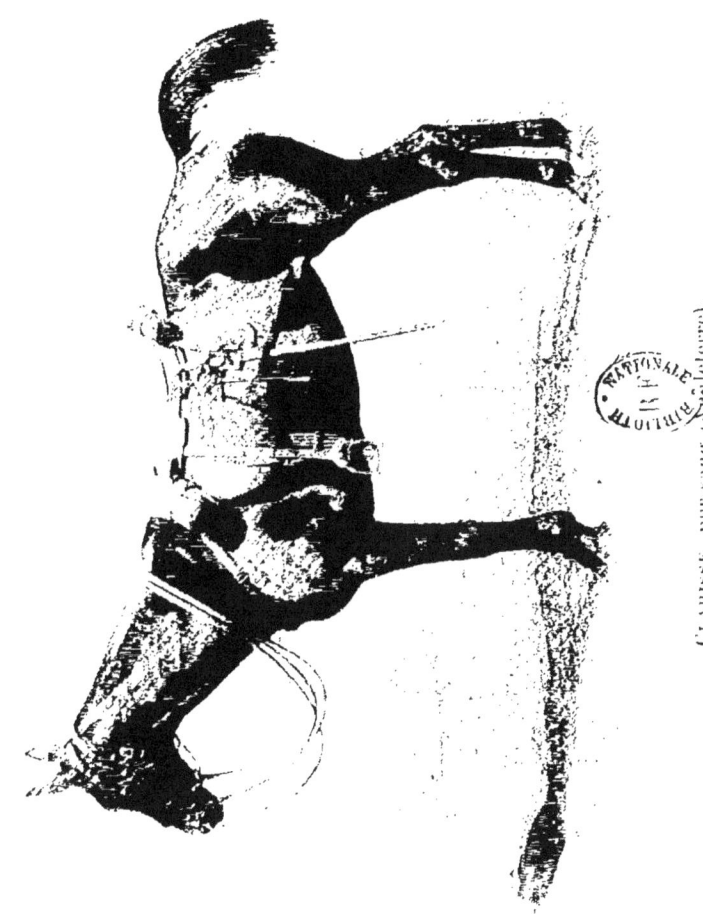

Clarisse, pur-sang anglo-arabe.

qui établissent les rapports des différentes parties du corps entre elles ont été décrites par des savants de bonne volonté. Après de patientes recherches, certains ont, par exemple, décidé que : chez le cheval, deux fois et demie la longueur de la tête doivent donner la hauteur du corps prise au sommet du garrot, etc.....; mais leurs confrères ont donné d'autres mesures, ont préconisé d'autres systèmes servant à contrôler ces proportions. Ils divergent donc souvent entre eux. De plus, les quelques hommes de sport qui choisissent un cheval au moyen de déductions arithmétiques, construisent, je l'espère, dans leur tête, un cheval parfait, mais en choisissent ou en achètent d'affreux !

Par conséquent, outre qu'il faudrait toujours transporter sur soi : « un vade-mecum de proportions », il n'est point utile, il est même dangereux d'étayer son goût et de baser son choix sur un système de proportions, dont le meilleur a le tort de mouler tous les chevaux dans la même forme géométrique et de vouloir donner au cheval de course les mêmes rayons qu'au double ou triple poney d'un gros entraîneur.

Je le répète encore, si on pouvait, avec les mesures données par Bourgelat, le colonel Duhousset, le général Morris, etc., créer un cheval en chair et en os, on n'aurait à admirer dans son œuvre qu'un cheval « de dragon », lourd, trapu et commun.

Mais toutes les leçons de ces savants ne sont pas à rejeter; leurs systèmes peuvent donner quelques bonnes indications, surtout théoriques. Quant à la pratique, on ne l'apprend qu'à ses dépens.

La beauté-type du cheval de selle (je ne m'occupe que de celui-là) a beaucoup changé depuis l'antiquité jusqu'à nos jours, et ce type a varié, non point à cause d'une évolution dans le goût artistique des générations successives, mais parce que, à mesure qu'on utilisait le cheval d'une façon différente, suivant les milieux historiques ou climatériques, sa charpente, sa constitution, son degré de sang, se sont modifiés, et qu'on a trouvé *beau* le cheval le *meilleur*, c'est-à-dire celui dont les aptitudes utiles répondaient aux besoins de son époque.

Dans nos temps modernes, un cheval d'armes doit avoir les

qualités suivantes : porter du poids, marcher vite et longtemps...
et recommencer le lendemain.

Le cheval qui réunit ces conditions est assurément le pur-sang. Mais outre qu'un bon cheval de pur sang coûte beaucoup trop cher pour la bourse de la grosse majorité des officiers et gentlemen, en supposant même que ces cavaliers fussent tous milliardaires, il n'existerait pas assez de pur-sang en France pour les remonter.

Il faut donc se rabattre sur le cheval de demi-sang, ou ayant des traces suffisantes de sang, *le demi-sang galopeur* en faveur duquel M. de Gasté et la Société d'encouragement pour le cheval de guerre mènent une campagne si dévouée, en un mot ce que les Anglais appellent le « charger ».

Ce cheval est difficile à se procurer en France. L'éleveur ne travaille pas dans cette spécialité-là ; cette assertion est facile à contrôler en regardant les chevaux de tête achetés par les remontes. Il est rare qu'un officier veuille les prendre. Ils sont d'abord carrément laids. Si par hasard l'un deux paraît avoir à première vue plus de type que ses camarades, détaillez-le ; il est défectueux dans une de ses parties, souvent très importante au point de vue de son utilité, et ses petites oreilles surmontant une tête qui « boirait dans un verre » ne suffisent pas à compenser sa croupe mince et courte, ou ses jarrets faibles et qu'il traîne derrière lui.

Les haras ne se préoccupent nullement de la création du cheval d'armes (lire le dernier rapport du directeur général des haras). Il n'est donc pas étonnant que ce cheval soit très rare. Il existe cependant, mais il faut se donner du mal pour le trouver. Si, dans le pays des fées, les alouettes tombent toutes rôties dans les bouches ouvertes, je n'ai jamais entendu dire que, même dans ces pays-là, les bons chevaux fussent amenés dans les écuries par une invisible et généreuse main.

Beaucoup font un voyage à Paris, vont chez deux ou trois marchands à la mode. Ils n'y voient la plupart du temps que des chevaux viandards et lourds, superbement pansés et admirablement présentés en main. Presque tous les civils aiment le cheval laid. Ils veulent des irlandais pour chasser.....
Le premier cheval de cab ou le premier hanovrien venu dont

on leur demande très cher (plus de 3.000 francs) fait admirablement leur affaire. Laissons-le-leur. Hélas! beaucoup de jeunes officiers ont déjà le goût faussé par l'influence des snobs du sport, et c'est grand dommage de les voir dépenser argent et temps à acheter et à monter des tonneaux à quatre pattes.

Mais quels sont les signes de beauté chez le cheval?

La Guérinière, tout en sacrifiant aux goûts de son époque, par exemple en ce qui concerne la tête et la croupe, est bien près de nous décrire le cheval utile, nécessaire aux temps modernes.

La tête, dit-il, doit être petite, sèche et bien placée, le front uni, l'œil clair, vif et effronté. La ganache point carrée. Les naseaux bien fendus, — l'encolure relevée et tranchante près de la crinière. Le garrot long et peu charnu, — les épaules « décharnées », libres et mouvantes. — Poitrail pas trop large, — les jambes pas trop hautes et bien d'aplomb, — le bras large, long et nerveux, — genou plat, large et décharné, — canon court, — « le nerf de la jambe » bien détaché, — les reins assez courts, — l'épine du dos large, ferme et unie, — le ventre pas trop efflanqué, — croupe ronde large « double », — cuisses rondes et charnues, — jarrets grands, larges, nerveux et décharnés, point crochus ni ouverts.

Il condamne par contre les chevaux trop hanchus, et termine sa nomenclature fort judicieusement :

Un cheval qui aurait toutes les qualités que l'on vient de décrire, sans en avoir les défauts, serait sans contredit un animal parfait; ce qui est rare à trouver. Mais comme il est essentiel à un connaisseur de tout savoir, j'ai jugé à propos de mettre cette récapitulation à la fin de ce chapitre.

Pour son époque, le portrait n'est point trop mauvais...

Il existe un petit livre, inconnu des civils et peu feuilleté par les militaires. Je veux parler du *Cours abrégé d'hippologie rédigé par les soins de la Commission d'hygiène hippique (1890).* Cet ouvrage est remarquablement bien fait à tous les point de vue.

Sans entrer dans la classification de beautés absolues et de beautés relatives, je vais citer comment, d'après lui, doivent être belles, c'est-à-dire construites pour être utiles, les différentes parties de l'extérieur du cheval :

La tête doit être carrée :

Sa face antérieure large et plane; les angles séparant les faces latérales bien prononcés. La tête conique était recherchée du temps de la Guérinière.

La tête doit être tenue haute dans une direction suivant à peu près la diagonale d'un carré long.

L'encolure, bien dégagée du garrot (bien sortie), sera longue, et plutôt droite ou de cerf avec un coup de hache que rouée.

> Elle ne doit pas être par trop longue si la tête est grosse et lourde.
> L'encolure droite est favorable à la vitesse ainsi que celle qui possède le coup de hache.
> L'attache de la tête ne doit pas être empâtée, mais bien dégagée.

Une bonne disposition de l'encolure est toujours à rechercher pour un cheval de selle.

> De sa longueur et de son union avec la tête résulte une sorte de balancier favorable aux divers déplacements du corps.

Le garrot doit être sec, évidé sur les côtés, élevé et prolongé en arrière.

> De son élévation dépend la bonne attache des muscles qui facilitent le port de l'encolure. Il doit être prolongé en arrière pour favoriser l'amplitude des mouvements locomoteurs de l'avant-main et donner une large base aux épaules ; il maintiendra également mieux la selle.

Le poitrail sera haut, avec des saillies musculaires très prononcées et une largeur moyenne.

> Les chevaux de pur sang ont souvent cette région étroite, les chevaux de trait sont, au contraire, très ouverts du devant.

L'épaule doit être longue, très oblique, bien développée musculairement et bien mobile.

> Elle doit être longue, parce qu'elle donne la mesure de l'étendue des muscles qui agissent sur les mouvements de l'avant-bras, et favorise ainsi la vitesse.
> Elle doit être très oblique, parce qu'elle facilite ainsi le porter du membre en avant.
> Elle doit être bien musclée pour pouvoir supporter l'effort de l'amplitude et de la vitesse du mouvement.
> Elle ne doit jamais être froide ou chevillée.

L'avant-bras doit avoir une direction verticale, être long et musculeux.

> Sa verticalité est une condition de solidité.
> Sa longueur favorise les allures rapides.

Le coude sera long et sa direction parallèle à l'axe du corps.

> Sa longueur donne un point d'attache plus large aux extenseurs de l'avant-bras.

Sa direction parallèle à l'axe du corps régularise les aplombs et les mouvements du membre.

Les déviations de la direction du coude entraînent celles des membres.

Le genou, bien dans la ligne d'aplomb, sera développé en tous sens, placé bas et solidement constitué.

Le genou est, en effet, le centre du mouvement de la colonne de soutien, il doit avoir de puissants moyens d'attache pour résister efficacement au poids du corps et à l'effet des réactions.

Le genou placé bas indique une grande aptitude aux mouvements étendus ; sa position est la conséquence forcée d'un avant-bras long, surmonté le plus souvent d'une épaule développée et oblique.

De plus le genou doit être large : « un carpe étroit, dit M. Sanson avec raison, commande une bride carpienne faible ».

Le canon doit être court, de direction droite, et sa face antérieure arrondie et sèche ; vu de profil, il doit se montrer large et son tendon bien détaché.

Je parlerai plus loin des tendons.

Le boulet doit avoir un volume proportionné au poids du corps, les contours nets et les tendons saillants.

Les chevaux communs y ont la peau épaisse et de longs poils touffus en dissimulent les tendons.

L'ergot est d'autant moins prononcé et les poils du fanon sont d'autant plus fins que les chevaux appartiennent à des races plus distinguées.

Un boulet petit annonce peu de force et peu de résistance à un travail prolongé.

Le paturon doit être arrondi, assez gros et suffisamment incliné.

Un paturon court, gros, droit, rend l'appui plus solide et ménage les tendons ; un paturon long, mince, incliné, produit un résultat inverse : premier cas, réactions dures ; deuxième cas, réactions douces.

La couronne doit offrir, comme beauté, de grandes dimensions en largeur, épaisseur et une parfaite netteté de ses contours.

Le dos doit être horizontal ou légèrement incliné d'arrière en avant, large et suffisamment charnu.

Il est en effet nécessaire que la solidité de la voûte osseuse, chargée de porter le poids, soit bien établie. Sa direction légèrement inclinée d'arrière en avant favorise l'action impulsive qui lui est transmise par le rein. Plus cette voûte est courte, mieux elle supporte une charge. Dans ce cas les réactions sont plus dures.

Le rein doit avoir la même direction et la même largeur que le dos, il doit être court, large, musclé ; le flanc sera court et plein.

Sa brièveté, due à l'élévation et au cintre plus prononcé des dernières fausses côtes, coïncide toujours avec une poitrine profonde et un rein court.

Les côtes. De leur degré d'écartement, de courbure et de longueur dépend la capacité de la poitrine.

Les côtes moins arquées mais longues peuvent favoriser la vitesse. Cependant une côte ronde est un indice d'un entretien facile.

Le ventre ne dépassera pas le cercle des côtes et affectera avec elles et le flanc une forme cylindrique.

Mais de bons chevaux, en plein entraînement, ont assez souvent le ventre levretté.

La croupe doit être longue, suffisamment inclinée, large et bien musclée.

Sa longueur favorise l'action de ses muscles et augmente la puissance transmise au tronc par les efforts impulsifs des postérieurs.
Une croupe trop inclinée nuit à la vitesse, bien qu'elle favorise les mouvements enlevés.
La croupe double et courte ne se rencontre que chez les chevaux de races dégénérées.

La queue doit être bien portée et pourvue de poils soyeux.

Son port élevé indique la puissance des muscles éleveurs. Il est presque toujours l'indice d'un certain degré de sang.

Les hanches doivent être bien écartées, bien sorties.

Il vaut mieux choisir un cheval cornu qu'un cheval à hanches noyées. La pointe de la hanche sert en effet de point d'insertion à plusieurs muscles fessiers des plans superficiels et profonds.

La fesse doit avoir les pointes proéminentes et écartées, les muscles doivent être longs, larges et énergiques.

La fesse longue, droite et bien descendue est favorable à la vitesse.

La cuisse sera sèche, épaisse, arrondie, longue et oblique, les muscles doivent être fermes et vigoureux.

Chez les chevaux vigoureux à peau fine, les muscles des fesses sont visiblement séparés par des sillons prononcés.

ULSTER, demi-sang irlandais.

Les cuisses doivent être longues et obliques pour permettre aux membres d'embrasser plus de terrain.

Le grasset doit être net et dirigé un peu en dehors, afin de faciliter le jeu du membre postérieur en avant.

<small>Cette disposition est à remarquer chez les trotteurs.</small>

La jambe vue de profil doit être large, bien musclée, longue et inclinée.

<small>Je la préfère peu inclinée. Cette disposition permet d'embrasser beaucoup de terrain et favorise la vitesse.</small>

<small>Chez le cheval de trait la jambe sera courte, très oblique.</small>

Le jarret doit être large du pli à la pointe, épais d'un côté à l'autre, sec, net, bien évidé.

<small>Il doit être droit, placé bas, il est ainsi favorable à la vitesse. Coudé, il favorise les mouvements enlevés, surtout avec la croupe longue et oblique.</small>

<small>Les beautés nécessaires aux extrémités inférieures sont les mêmes que pour les membres de l'avant-main.</small>

Nous pourrons donner à la description de ces beautés l'épithète de « tableau classique de la bonne conformation ».

Voici maintenant la conformation recommandée aux acheteurs par un vétérinaire de grand talent, véritablement homme de cheval, mort malheureusement trop jeune, M. Pierre, professeur à Saumur, puis vétérinaire en premier au 29ᵉ dragons.

<small>Un cheval de selle doit avoir une tête légère, fine, expressive, une encolure longue et bien greffée, un garrot haut et prolongé en arrière, un dos bien soutenu, un rein court et puissant, une croupe et une épaule longues et obliques, une poitrine profonde et bien descendue, des fesses et des cuisses puissamment musclées, des avant-bras et des jambes longs et bien garnis de muscles, des tendons secs et bien détachés, des paturons de bonne longueur et de bonne direction, des articulations larges, enfin de bons pieds.</small>

D'après M. Pierre, une encolure ne doit pas être chargée de trop de muscles qui, en augmentant la masse, augmenteraient aussi le poids qu'elle doit déplacer.

Le saillie des abouts osseux doit être manifeste sous la peau du cheval en bon état.

Le tissu graisseux ou conjonctif doit être absent, aux grands angles formés par le squelette.

Le cheval en un mot doit être taillé à coups de hache.

La sécheresse et le heurt des lignes doivent surtout se faire remarquer à plusieurs points principaux : à l'angle de l'épaule qui doit être basse, bien détachée des muscles de la base de l'encolure et *faire saillie* au dehors ; à l'angle de la hanche, à la partie inférieure de la hanche, à la partie inférieure des membres où la peau doit dessiner nettement la forme des os, des tendons ou des ligaments sous-jacents.

Pour terminer [*et je recommande fort ce procédé de mensuration*], nous dirons que deux lignes droites, que nous supposerons passer, l'une, par la pointe de l'épaule et le sommet du garrot, l'autre par la pointe de la fesse et l'angle de la hanche, doivent se rencontrer à une petite distance au-dessus du dos et un peu en arrière du garrot.

Placé là, le point d'intersection de ces deux lignes indiquera une épaule bien renversée, une bonne obliquité de la croupe et des hanches bien placées, c'est-à-dire plutôt basses que hautes ; situé très haut il sera la conséquence d'une épaule droite et d'une croupe avalée ; placé au-dessous de la ligne du dos, il devra sa position fâcheuse à une épaule oblique, il est vrai, mais surtout à une croupe horizontale toujours accompagnée de jarrets placés en arrière de la ligne d'aplomb.

Enfin, plus le point de rencontre dont nous nous occupons sera en avant, plus la croupe sera horizontale et l'épaule droite ; plus il sera placé en arrière, au contraire, plus l'épaule et la croupe seront obliques.

On remarquera que j'ai laissé de côté la question des aplombs, le plus mauvais traité d'hippologie donnant de bons renseignements sur ceux-ci : Les aplombs doivent être parfaits.

Rien n'est absolu dans ce bas monde, et malheureusement les chevaux sont le plus souvent « disharmoniques ».

C'est alors que l'acheteur peut apprécier le *système des compensations :* une plus grande beauté ou une plus grande force d'une partie corrigera, au point de vue utile, la défectuosité d'une autre partie.

Ainsi, écrit M. Jacoulet, « une encolure bien musclée, un peu courte, compense une tête forte ; une tête légère, petite, compense une encolure longue, grêle, décharnée ; une cuisse bien descendue et bien culottée, un peu droite, compense une croupe courte... etc. »

Ce qui jamais ne se remplace ni ne se compense, ce sont de bons organes respiratoires et sanguins : un bon coffre.

Mais toutes les qualités de conformation squelettique ne serviront de rien si le cheval n'a pas de *sang*, et partant la *trempe* que donne le sang.

Un cheval de sang sera celui auquel des ascendants de race

noble auront donné une certaine excitabilité nerveuse, excitabilité se soutenant même après une période d'efforts et de fatigue. Ce sont ces qualités *transmissibles* que possèdent au plus haut degré le cheval de pur sang anglais et le pur-sang arabe, chacun dans leur milieu. Comme la continuité de ces races nobles ne se maintient que par une sévère sélection qui assure la *qualité* et la *trempe* des appareils et des organes de la locomotion et de la respiration, il est tout à fait plausible d'affirmer qu'un cheval qui a une trace de sang noble a les plus grande chances d'avoir également de la trempe. C'est cette trempe qui chez beaucoup de chevaux de pur sang compense bien des défauts, et c'est elle qui permet d'émettre cette assertion qui, prise au pied de la lettre, peut paraître paradoxale : « Le sang rachète tout ». Comme tous les proverbes, celui-ci a un fond de vrai.

BEAUTÉS DU CHEVAL ORIENTAL

Abd-el-Kader décrit ainsi le cheval de guerre : « Le cheval de race a les oreilles courtes et mobiles, les os lourds et fins, les joues maigres sans encombrement de chair; les naseaux ouverts; les yeux beaux, noirs, brillants, proéminents, le cou long; la poitrine proéminente, le garrot haut, les reins bien soudés, les hanches fortes; les côtes antérieures longues; les côtes postérieures courtes, le ventre remontant, la croupe arrondie, les bras longs comme une autruche avec des muscles comme un chameau; le sabot noir. »

« Quatre choses larges : le front, la poitrine, la croupe et les membres.

« Quatre choses longues : le cou, les bras, les cuisses, le ventre et les hanches.

« Quatre choses courtes, les reins, les paturons, les oreilles, la queue. »

POINTS DE BEAUTÉ RECHERCHÉS PAR LES ANGLAIS

Digby Collins dit que le hunter doit avoir les côtes postérieures profondes et étendues, pour le rendre capable d'accomplir un travail sévère pendant plusieurs heures sans manger ; il assure aussi que la plupart des steeple-chasers ont la queue plantée bas.

Un vieux gentleman anglais, cité par Sydney, s'écrie : « *Cicéron !* il est étroit du derrière et large de devant, et ne vaut pas mon chapeau rempli de pommes sauvages. »

Les Anglais insistent sur les qualités nécessaires à l'arrière-main, qui doit avoir une bonne longueur de la hanche au jarret. Ils préfèrent une croupe inclinée à une croupe horizontale, comme donnant un plus grand pouvoir de propulsion.

Le major Wythe Melville, également cité par Sydney, célèbre en vers les beautés du hunter : « Une tête comme un serpent et une peau comme une souris ; un œil comme une femme, brillant, doux et brun ; un rein et un dos à porter une maison ; et des membres pour l'enlever par-dessus une ville. »

Sydney, moins dithyrambique, demande « au moins un bon œil », de bons poumons, contenus dans une vaste poitrine, le dos en proportion du poids qu'il portera, les quartiers, les jarrets et les jambes avec un pouvoir de propulsion capable de faire passer toute la machine par-dessus les obstacles, des épaules, des jambes et des pieds disposés pour recevoir la machine après l'obstacle, sans la laisser choir par terre, et capables de galoper, sans buter à la moindre taupinière.

Il recommande les animaux nerveux mais compacts, possédant un large quartier de derrière et un flanc dégagé pour pouvoir ramener « les hanches sous eux dans un grand saut », et des épaules parfaites.

Le comte de Lagondie qui, en somme, dans son ouvrage, n'envisage que le cheval anglais, désire trouver dans un steeple-chaser ou un hunter les qualités suivantes : taille élevée, pas trop de longueur des jambes, *de la force sans lourdeur* et de l'ardeur. Somme toute, il exige le cheval très musclé ou susceptible de le devenir, bien qu'il ne soit pas toujours facile de trouver réunis dans un cheval un air de force et de vitesse.

Un bon hunter, ajoute-t-il, doit être de pur sang, de demi-sang ordinaire, ou bien un porteur de grands poids.

Il reproche au cheval de pur sang ses petits pieds inutiles pour sortir des terrains marécageux et la difficulté qu'il a de se mettre sur les hanches ; en somme, la conformation du hunter, conclue-t-il, dépend du poids qu'il aura à porter.

En résumé, le cheval apprécié en Angleterre comme hunter ou charger (cheval d'armes), de pur sang ou non, a l'apparence compacte ; il respire l'énergie et la force, il est près de terre, son encolure, son port de tête et de queue relèvent sur l'horizon cette silhouette d'excellent cheval que nous aimons tous et que nous trouvons si difficilement, car il réalise le type du cheval absolument utile.

Le cheval de selle russe a une conformation tout autre. Le sang oriental domine malgré les croisements ; il est excellent pour le service que lui demandent les officiers russes.

Les haras impériaux ont un type de beauté qu'ils réalisent par le croisement des *Orlow* et de la race arabe, ou des pur-sang arabes avec les pur-sang anglais. Ils ont des mouvements gracieux et élégants. Ce sont d'agréables trotteurs et de bons chevaux de manège. (La race dite *rostopchine* a les mêmes caractères.)

Le produit du croisement du pur-sang anglais avec les races turkomanes est meilleur ; ce cheval-là est celui qui se rapproche le plus du type de beauté de notre cheval moderne. Les Russes ne l'aiment pas autant que l'Orloff. Ils ont moins l'occasion d'user de leurs aptitudes de hunter. Ce cheval est produit dans les haras de *Streletsk*.

Au surplus, le type hunter n'existe pas en Russie, le cheval cosaque mis à part ; le bon cheval d'officier fortuné est plus ou moins un demi-sang anglais.

Les sportsmen allemands et les officiers de cavalerie font preuve d'un goût très judicieux. Leur remonte est excellente

Hunter, poids lourd.

et le beau type est fort en honneur, parce que dans cet empire, on se sert, sportivement et militairement parlant, du cheval d'une façon utile, aussi l'élevage se transforme-t-il rapidement dans ce sens. Les chevaux lithuaniens sont des demi-sang à 50 0/0 de pur sang anglais, 25 0/0 de sang arabe et 25 0/0 de sang indigène. (*Les races chevalines*, par Simonoff.) Le sang anglais prédomine et les demi-sang y sont excellents. Cependant malgré tous leurs efforts, les haras ne sont pas arrivés encore à donner aux jarrets de leurs chevaux une bonne direction. Les croupes sont souvent assez communes, les têtes grosses bien que sèches.

Même remarque pour **l'Autriche-Hongrie**, où la production chevaline est énorme.

Cependant comme chez la plupart des peuples cavaliers, la majorité des gens qui montent à cheval ne galope et ne saute que rarement à travers pays. Aussi le type arabe, rond, élégant, d'allures douces, de médiocre aptitude au saut, y est-il encore fort en honneur.

L'État et de grands haras particuliers réagissent autant qu'ils le peuvent, en infusant du sang anglais et en favorisant l'élevage du demi-sang, plus apte aux besoins de la guerre et du sport moderne.

Il est à remarquer un fait curieux, c'est que les peuples cavaliers, les Arabes, les Cosaques, les Hongrois, les habitants des pampas, ne se servent du cheval que comme moyen de locomotion. Ils se déplacent d'un point à un autre à travers leurs grandes plaines, *toujours au galop ou au pas*, tournant les obstacles en hauteur, descendant dans les fossés... Aussi leurs chevaux, qui présentent les garanties les plus sérieuses de fond et de rusticité, sont-ils restés d'un type petit, aux rayons supérieurs courts, à la croupe courte et avalée. Leurs propriétaires ne sont pas des cavaliers d'extérieur. Eux et leurs chevaux feraient triste figure dans nos campagnes coupées d'obstacles.

Chez nous, écrit le comte Dénes Szechenyi, on peut, en toute saison voyager pendant une journée entière sans rencontrer un seul cavalier, et si par hasard on a l'occasion d'en voir un, il y a dix chances contre une qu'on n'y éprouvera aucun plaisir.

Je me suis toujours demandé pourquoi on monte si peu chez nous; cependant bien des gens s'imaginent que le Hongrois est cavalier de naissance, porte volontiers des éperons, personnifie le hussard. Malgré cela, dans les classes élevées, peu de gens montent; beaucoup croient s'abaisser en s'occupant eux-mêmes des chevaux (*ce qui est du reste aussi le cas en Allemagne*) ou de troubler leur digestion en se livrant à un exercice échauffant.

Ils sont bons, ces chevaux, pour ce qu'ils ont à faire; mais je leur refuse absolument la beauté que doit présenter le cheval moderne, lequel pour être parfait doit avoir trois bonnes allures et passer par-dessus tous obstacles raisonnables.

On voit, d'après les exemples cités ci-dessus, que dans tous les pays d'Europe où, soit par goût, comme en Angleterre, soit par nécessité, comme sur le continent, on se sert du cheval, le *beau* cheval est seul *bon* et *utile* et *vice versa*.

Et ceux qui ne sont pas bâtis dans ce sens-là peuvent aller aux fiacres, aux carrosses de gala, aux courses au trot, au cirque, au camion ou dans les écuries d'un épicier parvenu. Ce dernier débouché, malheureusement très vaste, permettra du moins à de pauvres bêtes irresponsables de leur laideur et de leur inaptitude, de passer grassement une inutile existence.

CHAPITRE II

Le modèle du hunter et du cheval d'armes

Portrait du hunter. — Taille du hunter. — Age utile du hunter. — Le jeune cheval en France, en Angleterre. — Le vieux hunter. — Couleurs de la robe du hunter.

J'ai dit plus haut, qu'avant de se décider à acheter un cheval de selle, il fallait avoir dans l'œil le bon modèle et qu'il est difficile de l'y faire entrer. On finit cependant, après bien des déboires, bien des écoles, par l'acquérir, à condition de se servir de ses chevaux d'une façon entreprenante et utile, et que le lieu des prouesses s'éloigne un peu de « l'Allée des Poteaux », ou du terrain de manœuvre.

Si, pourtant, avant d'avoir acquis cette sûreté du coup d'œil habituelle au vieux sportsman, vous rencontriez, par hasard, un cheval ainsi bâti :

Court dessus et garrot en arrière ;
Long dessous et du corsage ;
Près de terre ;
Fait en coin, « en brouette », selon l'expression du vicomte H. de Chezelles ;
Croupe hanchue, longue, large, point horizontale ;
Membres postérieurs plutôt droits ;
Membres antérieurs bien d'aplomb ;
De fortes articulations, de gros os, la peau fine ;
De gros genoux, des canons larges ;
Les genoux et les jarrets bas, de beaux pieds ;

Une longue encolure jaillissant du thorax;
Une tête au front large et bien proportionné;
L'oreille mobile, l'œil « effronté » et **la queue fièrement portée**;

Si vous trouvez ce cheval, et qu'il soit net, prenez-le; et, s'il ne vous convient pas, envoyez-le-moi, je vous l'achète.

Un cheval ainsi conformé est un cheval *de galop sous du poids* (je ne considère pas dans cette étude le cheval au point de vue course), un tel cheval est sûrement bon à tout, pour la selle, *à fortiori* pour la voiture et selon sa taille et sa masse, le gros trait.

Il me reste à parler de sa taille, de sa corpulence, de l'âge auquel il peut travailler dur et de sa robe.

Taille du hunter. — Pour galoper vite, un cheval ne doit pas être trop petit, surtout s'il doit porter du poids. Pour ne pas être gêné par ce dernier, un poney doit être assez massif, il n'acquiert cette conformation souvent qu'au détriment de son degré de sang et de vitesse.

Mais, il est tout à fait inutile de se hucher sur un méhari, sous prétexte d'arriver le premier au rendez-vous.

Lorsqu'on a une taille et un poids moyen, soit 75 kilos, un cheval de 1m60 est tout à fait pratique et honorable; on peut même se payer le luxe d'un hunter léger de pur-sang, de demi-sang ou d'un cheval du Midi. Je crois qu'en dehors du turf, ce poids de 75 kilos et cette taille de cheval se correspondent très justement.

Si le poids du cavalier augmente, ce n'est pas la taille du cheval, ni son *embonpoint en graisse* qui doivent suivre la même progression, mais c'est la charpente osseuse du hunter qui doit être plus fortement établie, avec des *points de force* plus accentués.

Il est une erreur très répandue, c'est de croire qu'en général les chevaux ne sont pas capables de porter du poids... Pour courir, pour galoper vite, le poids est un facteur énorme; mais, dans l'ordinaire de la vie, surtout en France, où les cavaliers encore plus vite assagis par notre légendaire indifférence sportive que par l'âge ou par les galons, se contentent, même à la chasse, d'une promenade de digestion, on exagère beaucoup l'inaptitude des chevaux à porter du poids.

Si encore ces ballots humains étaient logiques, ils choisiraient un bon cob de 1m55, facile à enfourcher, d'allures douces autant que patient de caractère et capable de porter sur son dos un cacolet avec quatre blessés... Mais non, leur rêve, s'ils peuvent se le payer, est un mastodonte de 1m64 à 1m70, au dos creux, aux hanches noyées, et dont les pattes à jus, grêles et mal conformées, ont peine à supporter leur propre masse de viande.

Perchez là-dessus les 90 à 100 kilos de leur propriétaire, et vous ne vous étonnerez pas du peu de service que peuvent rendre *ces admirables cobs !* car ils appellent ça des cobs (quand c'est une jument : une *cobesse !*).

Et autour de nous, si nous avions des yeux pour voir, nous admirerions tous les jours, et aux manœuvres, nos chevaux de troupe et spécialement nos merveilleux chevaux du Midi, porter des poids extraordinaires.

J'ai monté, à 76 kilos, une jument tarbe, mince, légère comme une plume, mais osseuse et parfaitement construite, ne mesurant que 1m53, à des chasses réputées très vites, sans que la moindre fatigue des membres ne soit venue me prévenir de ce que son sang ne m'aurait jamais dit, qu'elle en avait assez.

En tout cas, si la taille du cheval augmente avec le poids du cavalier, ce que je trouve inutile, ce n'est pas la viande du cheval qui doit s'augmenter aussi, mais la grosseur des os et la puissance de leurs articulations, absolument comme dans un agrandissement photographique tous les points sont augmentés dans des proportions constantes et régulières, et non l'une des parties de l'objet photographié au détriment des autres.

C'est le bon modèle de 1m60 qu'il faudrait trouver reproduit à 1m70, ce qui est rare, très rare, car le grand cheval est généralement un monstre. Il s'éloigne en effet de plus en plus du type primitif, il devient le cheval artificiel. De plus, dans les grands chevaux que les pays du Nord produisent, la lymphe domine toujours le sang.

Si vous avez la chance d'être un cavalier léger, c'est-à-dire de marquer à la balance de 50 à 70 kilos, un champ beaucoup plus vaste vous est ouvert. Depuis le pur-sang de petite taille, jusqu'à l'excellent cheval du Gers et de Tarbes, en passant par le hunter léger, vous avez le choix. Grâce à l'erreur commune dont je parlais ci-dessus, les chevaux légers sont délaissés et vous pouvez les avoir à bon compte. Un cheval de 1^{m}55, pour vous, sera un bon cheval à tous les usages de selle, chasse, concours, service d'armes.

Une monture de 1^{m}48 à 1^{m}55 vous fera presque le même service, sauf le cas de train ultra-rapide et de très gros obstacles.

Cependant, il est beaucoup d'exemples que des petits chevaux aient eu de la qualité en course et des succès en concours. Il n'est pourtant pas niable qu'ils ne soient obligés de suppléer à l'étendue des mouvements que donne une plus grande taillle, par une dépense d'influx nerveux et d'effort musculaire.

Sydney, dans un livre que je cite volontiers, me semble donner la préférence aux chevaux de taille moyenne : « La taille d'un hunter, dans une grande contrée découverte, est de peu d'importance quand elle dépasse 1^{m}51... Les hunters ne dépassant pas 1^{m}53 furent la passion de feu M. Arkwright, le maître d'équipage des Atherstone-Hounds... La liste des petits chevaux qui se sont distingués dans Leicestershire demanderait des pages entières. »

Mais, en résumé, Sydney conclut « qu'un cheval proportionné de 1^{m}60 de haut est meilleur qu'un cheval ayant la même forme, le même courage, mais ayant 10 centimètres de moins ». « Dans un pays accidenté, ajoute-t-il, un cob de beaucoup de sang, ayant de 1^{m}45 à 1^{m}52, bien conformé, se conduira mieux que le long animal qui vole dans les contrées plates. »

Lagondie donne aussi comme moyenne de taille utile chez le cheval de course la taille de 15 mains 3 pouces (1^{m}60), appréciation confirmée par la pratique courante.

Fillis, lui, pour le manège, recherche la hauteur de 1^{m}56 à 1^{m}58, « disons, écrit-il, pour ne pas être exclusif, 1^{m}55 à 1^{m}60. » La marge est un peu grande... pour fixer les idées !

J'avais voulu interviewer les sommités équestres modernes, les fines cravaches et de bons maîtres d'équipage. J'ai pensé que cela était inutile, il n'y a qu'à ouvrir les yeux et regarder :

quelques-uns ne dédaignent pas les petits chevaux, mais la plupart se trouvent bien de l'usage du cheval de 1m60. Mais on aurait vraiment tort, si on n'est ni trop grand ni trop lourd, de se priver des services d'excellents petits chevaux s'ils sont bien osseux, musclés, pleins de nerf et de sang.

Age du hunter. — Je citerai tout à l'heure, sur ce sujet, l'opinion d'écrivains et de sportsmen autorisés. Mais je donnerai auparavant mon modeste avis.

Pour juger la question, il faut bien se rendre compte de la façon dont, en France, est amené jusqu'à la vente le jeune cheval de selle ou de trait.

Il naît, tette, est lâché dans un pré; il est sevré trop tôt. Dans quelques régions, on lui donne de l'avoine, pas beaucoup et à regret, on dirait que ce soit du grain jeté aux moineaux... Dans d'autres, on ne leur donne rien du tout, pas même jusqu'à trois ans et demi un peu d'exercice, encore moins les soins hygiéniques les plus simples.

Il est évident que ces chevaux-là, à quatre ou cinq ans, ne sont susceptibles d'aucun travail vite, long, utile.

J'ai même quelquefois acheté des chevaux prenant six ans, qui certainement n'avaient jamais été ni attelés ni montés. Je m'en suis bien aperçu, au cours de mes premières promenades sur leur dos. Je me suis malheureusement rendu compte de leur manque absolu de travail préalable, aux petites tares qui survenaient les unes après les autres, avec ou sans boiterie, pour disparaître ensuite au bout d'un temps plus ou moins long après traitement et surtout après *repos*, la panacée des jeunes chevaux.

Plus les chevaux étaient grands, si bien construits et près du sang qu'ils fussent (je n'envisage pas le pur-sang), plus ils étaient sujets à toutes sortes de désagréments dans leurs pattes : molettes, gonflement des synoviales articulaires du boulet, petits suros provenant de la lacération des ligaments, surtout du côté de la bride carpienne, atteintes, gonflement des vaisseaux sanguins le long des tendons, tous ces petits accidents venaient me prévenir que le temps de galop avait été trop vite, que le trot avait été exigé trop brillant, etc.

L'ennui le plus gros avec ces sortes de chevaux nouvellement achetés est la présence d'un état général maladif, gourmeux... Le cheval est *prêt* pour attraper une grosse maladie.

Mais si le hasard ou les besoins de mon service particulier m'avaient fait acheter un bon poney limousin, aux pattes sèches, au tempérament nerveux, je n'avais à craindre aucun de ces inconvénients. Je pouvais, après une période d'entraînement de huit à quinze jours, marcher avec, comme si c'eût été un vieux cheval.

Jusqu'à 1^{m}55 ou 1^{m}56, j'ai constaté, chez tous les chevaux que j'ai pu voir ou avoir, un tempérament tel, qu'il résistait au mauvais élevage et au manque d'entraînement.

Le petit cheval a été plus fréquenté, car il est certain qu'un éleveur se servira plus facilement d'un cheval de petite taille au trait léger que d'un grand cheval.

Un petit cheval est d'abord plus maniable ; de plus, l'éleveur qui sait qu'en France le cheval se vend au poids et au mètre cube, craindra de tarer un cheval de haute taille. Ce n'est qu'en tremblant que, dans certains pays, on les met à la charrue ce qui, entre parenthèses, est un excellent mode de travail pour les grands chevaux d'élevage. On hésite moins aussi à castrer un petit cheval. Pour peu qu'il ait une carte d'origine, un grand cheval quelconque représente souvent, pour son propriétaire, un étalon « qui pourrait bien être acheté par les haras ».

Toutes ces raisons font que le cheval petit a quelques chances d'avoir été attelé avant d'être livré au commerce.

Il m'a été facile, sur ces données de l'expérience, d'établir les règles suivantes :

Les chevaux de 1^{m}48 à 1^{m}55 de demi-sang, pourront travailler utilement beaucoup plus tôt que les chevaux de 1^{m}55 et au-dessus.

Le premier peut être monté sérieusement dès quatre ans et demi à cinq ans et le second a besoin d'un entraînement de plus d'un an qui le conduira, à sept ans, à être un cheval *fait*.

Je désigne, bien entendu, par les mots *cheval fait*, tout cheval susceptible de galoper derrière les chiens ou devant un peloton, sans souffrir dans sa croissance, qui doit être terminée.

Si le service de chasse ne consiste qu'à trotter doucement en prenant au court, et celui de l'armée qu'à caracoler devant un abreuvoir, un cheval très jeune, mais sage, n'est-ce pas? suffira amplement.

Il y a des exceptions à toutes les règles, et ceux qui ne seront pas de mon avis, me citeront tel ou tel cheval qui, à trois ans et demi ou quatre ans a..., etc..., etc...

Je n'en persiste pas moins dans ma conviction, conviction acquise au détriment de mon porte-monnaie; c'est là-dedans qu'on puise les meilleures leçons.

Si nous considérons le *hunter anglais et irlandais*, ces données changent, mais pas autant qu'on pourrait le croire.

Beaucoup de chevaux, en Angleterre, ont chassé entre cinq et six ans, mais sagement et souvent dans un but de dressage. Mais, à six ans et demi, les chevaux de selle qui n'ont pas galopé sont une exception.

Cette race de chevaux offre donc, à six ans, plus de garanties que les nôtres, pour *un service immédiat*.

On voudra bien remarquer que je ne fais aucune allusion au service de la voiture. Dans les brancards ou au timon, avec une charge modérée et proportionnée à leur poids, *tous* les chevaux pourraient et devraient travailler très jeunes.

« Un hunter, dit Sydney, sera considéré dans sa fleur à six ans... Quelques personnes qui montent raide dans les contrées coulantes, choisissent souvent « un cinq ans encore vert... » Un hunter de 1^{m}60, ayant le cachet du Yorkshire et du Leicester, peut être monté, *d'une manière judicieuse*, à quatre ou cinq ans, avec les harriers pour lui apprendre la pratique. »

Un proverbe allemand dit judicieusement : « Six ans, jeune cheval; six ans, bon cheval; six ans, vieux cheval. »

« Dans les races orientales, écrit M. Jacoulet dans son *Traité d'hippologie*, le développement complet du jeune cheval n'a guère lieu avant six ans; il se produit *à sept ans et plus tard* pour les races du Nord. Ce développement tardif, surtout évident chez les chevaux normands, parait dû au mode d'élevage. »

Dans la cavalerie française, le cheval est versé dans les régiments à cinq ans; à six ans, il est réputé dressé, mais il est

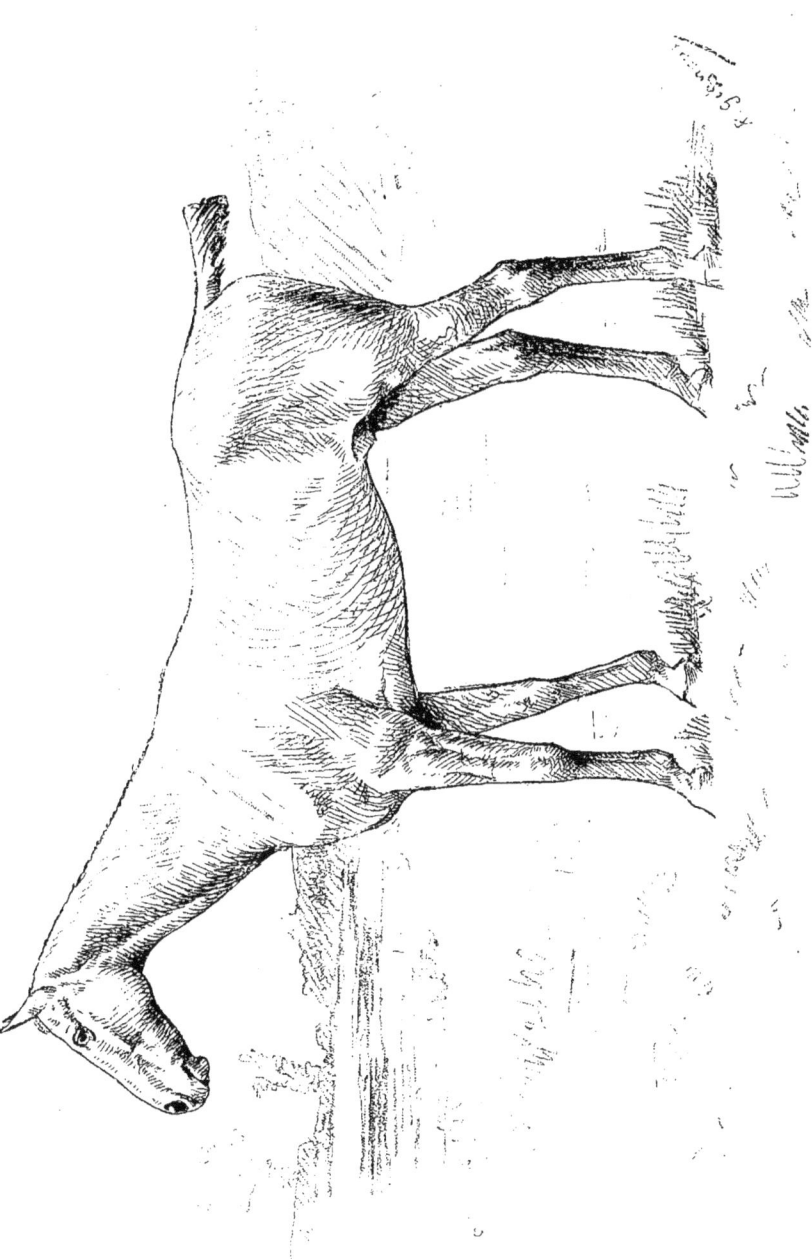
Donavan, hunter anglais demi-sang.

généralement très ménagé, et avec raison, jusqu'à sept ans ; il n'atteint qu'une durée moyenne de huit ans de service. On a une tendance à le réformer de très bonne heure, et cela dans le but de permettre à l'éleveur de produire plus de chevaux pour l'armée et aux réservistes de se remonter plus facilement avec les chevaux de réquisition.

En Danemark, où l'âge moyen des chevaux varie entre neuf et dix ans (Aurregio, *Conférences sur les chevaux des armées*), leur durée moyenne est de neuf ans. Mais en Angleterre, où la plus grande partie des chevaux du rang ont moins de six ans, cette durée est abaissée à sept ans de service.

J'ai cité ces chiffres pour prouver combien les sportsmen qui veulent se servir d'un cheval qui *n'a pas fini sa croissance*, qui n'est pas fait, auraient tort de s'étonner du peu d'usage que leur fournira cette monture. Ils n'auront qu'à s'en prendre à eux-mêmes si, avant six mois, leur fameux « hunter, charger ou jumper » n'est plus qu'une rosse sans tempérament et irrémédiablement tarée. Ils auront appris, à leurs dépens, qu'on ne peut impunément détourner au profit d'un travail exagéré, les éléments organisateurs et nourriciers destinés à la croissance. C'est, en effet, à la fin seulement de la période d'accroissement « que la soudure de toutes les épiphyses des os longs est terminée et que le squelette se trouve complètement achevé ». (Cuyer et Alix.)

Le vieux hunter. — Un bon cheval n'est vraiment vieux que vers seize ans, car la vie moyenne d'un cheval est de dix-huit à vingt ans. Je sais bien qu'on connaît des cas de longévité extraordinaires. On cite des chevaux ayant vécu jusqu'à quarante ans passés et j'ai moi-même eu une ponette des Landes qui est morte de vieillesse à trente-quatre ans. Elle travaillait encore la veille de sa mort.

Cependant, à partir de dix-sept ans, il n'est plus prudent de demander un grand effort à un cheval. Il peut vous tomber mort entre les jambes.

La moyenne des très bons chevaux est entre huit et douze ans, et j'en ai connu beaucoup de très bons à quatorze et même seize ans. Certains d'entre eux avaient encore la verdeur et la gaieté d'un poulain. Ce qui déprécie beaucoup le cheval au-dessus de neuf ans, c'est qu'il est difficile de lire son âge sur ses dents. Et bien qu'on ait des données théoriques assez exactes, beaucoup de malins s'y trompent.

Un cheval, me disait un vieux chasseur, n'a que l'âge qu'il marque dans ses pattes, dans son cœur et dans ses poumons; et il aurait eu cent fois raison, s'il avait ajouté dans ses yeux.

COULEUR DE LA ROBE DU HUNTER OU DU CHEVAL D'ARMES

Du temps du comte de Lagondie, on considérait les alezans brûlés comme très ardents, mais sujets à l'encastelure. Le même auteur cite avec conviction le proverbe espagnol : *Caballo Castano, ante muerto vansado*, qui prouverait leur préférence pour cette robe.

Mais nous sommes devenus plus sceptiques : le cheval « arzel » (possédant une balzane postérieure droite) ne porte plus la guigne, et le prophète nous ferait rire qui affirmerait : « Si je rassemble au même endroit tous les chevaux et que je les fasse courir ensemble, c'est l'alezan qui les devancerait tous. »

Car il est, de tous poils, de bons chevaux.

Un gentleman ou un officier pourra donc choisir un cheval blanc, gris, alezan, bai, rouan, etc... Il lui est même loisible d'acheter un cheval pie, s'il tient à avoir un joyeux succès au rendez-vous.

Une seule chose est à éviter : c'est d'en acheter un qui ait les crins lavés aux jambes ou dont le ventre, gris ou jaune sale, lui mérite la dénomination de « ventre de biche ». Cela indique, presque sûrement, un tempérament lymphatique.

Les balzanes, au contraire, n'ont d'autre inconvénient que d'être souvent suivies par un pied à corne blanche : on sait que ce ne sont pas les meilleurs; mais ces sortes de jambes ne sont, pas plus que les autres, sujettes aux molettes.

On accorde aux chevaux rouans de faire presque toujours

preuve de beaucoup de fond; bonne réputation qu'ils partagent avec les chevaux à queue de rat. Je crois que la cause de cette prétendue supériorité (ainsi que de celle des chevaux gris, dans l'armée) est qu'on n'achète d'animaux sous cette robe, que s'ils sont d'un modèle parfait, joint à une bonne dose de sang, donnant des garanties sérieuses d'un dur service.

Rien n'est plus commun, du reste, qu'un vilain rouan ou qu'un cheval gris mal conformé; les Arabes tiennent en médiocre estime le cheval rouan. Celui qu'ils préfèrent est le bai.

J'ai remarqué que de très bons chevaux d'outre-Manche et d'un certain modèle avaient le bout du nez, le tour des yeux, etc., revêtus de poils fauves (nez de renard, taches de feu); cette particularité se rencontre le plus souvent sur des chevaux bai brun foncé.

Je connais bien des gens qui, avec raison, se méfient du hunter sous poil noir. Je dis avec raison, car il y a beaucoup de chance pour que ce cheval « de galop » arrive en droite ligne du Hanovre (je m'empresse d'ajouter qu'il y a des exceptions, et nombreuses).

Mais avez-vous remarqué que la plupart des chevaux de selle noirs sont très hauts de taille?

A part ces quelques réserves, on peut, « puisque tous les goûts sont dans la nature », trouver tout simple que chacun ait pour son cheval une couleur préférée.

Un amateur que je connais, prisait par-dessus tout de ces robes « rouannes péchardes, ou quelconques mélangées, pourvu que le blanc dominât ». Assurément il y a, surtout en Limousin, d'excellents chevaux truités, aubérisés, fleur de pêcher, mouchetés, neigés... (C'est même un des signes particuliers de l'ancienne bonne race limousine, presque disparue, car la couleur de la robe est souvent un signe de la race; ainsi, les anciens chevaux indigènes du Midi étaient presque tous alezans ou blancs.)

Mais j'espère que le susdit amateur ne rangeait pas dans ces robes mélangées le gris pommelé... Avec cette robe, le meilleur hunter est bien près d'être mieux avec une grelottière au cou qu'avec une selle de chasse sur le dos.

Pour résumer, on ne peut donc pas diagnostiquer de la

couleur seule d'un cheval, son degré d'endurance et d'aptitude au service de la selle.

Mais une robe de couleur franche, une peau souple et fine, recouverte par des poils courts, luisants et soyeux, surtout aux jambes, qui ne doivent jamais être sous poil bourru, ni frisé, ni de couleur lavée, sont, avec les crins légers et fins, l'indice de beaucoup de sang sous la peau.

Il eût été cependant curieux, je ne crois pas que la statistique en ait été faite dans le temps où chaque escadron était remonté en chevaux de couleur spéciale à son numéro, de savoir si c'étaient les jaunes, les rouges, les marrons ou les pommelés qui présentaient le plus de cas d'indisponibilité.

CHAPITRE III

Le degré de sang du hunter et du cheval d'armes

Pourquoi le pur-sang est peu recherché par la majorité des sportsmen français : il est soi-disant difficile à monter. — Il est méprisé et méconnu des vétérinaires civils. — Il n'est pas de vente courante. — Mêmes remarques pour le demi-sang. — Préférence accordée aux pur-sang et demi-sang anglais par les Prussiens, les Hongrois, les Anglais. — Cherté du cheval de pur sang. — Prétendu manque de rusticité du pur-sang. — Les snobs du pur-sang. — Le cheval de sang en Angleterre, causes de sa grande production. — Avis de M. le marquis de Mauléon sur le pur-sang. — Communication de M. Jacoulet sur le pur-sang à la Société centrale de médecine vétérinaire. — Ce qu'il faut entendre par demi-sang.

Je n'étonnerai personne en écrivant que le pur-sang est généralement peu recherché en France.

Tout le monde a été à même de le constater. Voyez aux rendez-vous de chasse les sportsmen qui ont une fortune suffisante pour se payer un cheval dont le prix varie entre 3.500 et 6.000, et quelquefois plus... Ce n'est pas un pur-sang qui les portera à travers forêt ou dans un débucher; non, ce sera un présumé demi-sang et un demi-sang lourd. Quelques jeunes gens montent volontiers le pur-sang et presque tous les jeunes officiers désireraient en avoir. Mais, voilà, ce sont justement eux qui n'ont pas assez d'argent pour s'en payer... Ils ne peuvent guère acheter que des pur-sang « retapés » dont les jambes ont besoin d'une constante surveillance...

Je le répète, la majorité des cavaliers français n'aime pas le cheval de pur sang.

Il y a plusieurs causes à cette aversion.

La plus sérieuse est que le cheval de pur sang passe pour être plus difficile à monter. Et voilà toute une classe de cavaliers qui s'en détournera avec horreur. Mais soyez sûrs qu'ils ne donneront pas la raison ci-dessus à leur aversion...

Une autre cause peu connue est que la plupart des vétérinaires, et des plus intelligents, ont la défiance, le mépris, sinon l'ignorance du pur-sang. En général, et autant que j'ai pu me rendre compte par la lecture de leurs travaux, l'enseignement zootechnique des écoles vétérinaires se ressent encore trop de l'esprit classique défavorable au pur-sang. Cet esprit classique doit sans doute prendre ses origines dans le respect des textes anciens, dont quelques-uns des pontifes-auteurs vivent encore, et dans le sentiment, très humain, du reste, qui pousse les mieux intentionnés à juger mal et de parti pris les actes, les tendances des individualités ou des groupes s'occupant de la même question, mais dans un sens et avec un but différents.

Voici ce qu'écrivait jadis sur le pur-sang, à sa sortie de l'école vétérinaire, un de mes amis vétéritaire militaire, très en vue maintenant grâce à ses savants travaux et à son habileté de praticien.

Il me disait dernièrement qu'au point de vue du pur-sang, il avait trouvé son chemin de Damas et qu'il voudrait bien effacer ces pages... Je ne le nommerai donc point, puisqu'il fait amende honorable. Après avoir décrit un cheval à tempérament nerveux, il ajoute :

Ce portrait s'applique bien aux produits ratés qu'a conçus l'imagination humaine, à ces ficelles sans poitrine et sans membres, à ces chevaux semblables à un feu de paille, vites et brillants d'abord, mais sans fond, sans rusticité, sans valeur, en somme ; à ces métis anglais trop nerveux, trop irritables, que le Jockey-Club avait rêvé d'implanter en Limousin et dans les Pyrénées.....

En somme, le pur-sang anglais est un cheval de luxe..... Qu'on n'embarrasse pas l'agriculture d'animaux d'une valeur aussi aléatoire..... Quant à l'argumentation : Le pur-sang anglais est indispensable pour la production des chevaux propres aux services militaires....., disons après M. Sanson qu'elle est fausse en ,tous points, n'en déplaise aux intéressés.

Et M. Sanson, professeur émérite, est une des lumières de la vétérinaire.

Ce dernier dit aussi que les pur-sang sont « d'une susceptibilité nerveuse, irritables à l'excès, et dont *la force de résistance* trahit de bonne heure l'énergique volonté » !

Dans la séance du 26 mars 1891 de la Société centrale de médecine vétérinaire, M. Sanson s'insurgeait contre les courses et le cheval de courses. Le rêve de ces messieurs comme étalon et comme cheval de selle est le cheval « asiatique ». Or, les officiers d'infanterie eux-mêmes ne veulent plus du cheval dit « arabe » et se sont tant remués qu'on désigne à leur usage dans les régiments des chevaux français de petite taille.

En somme (au fond d'eux-mêmes), ce que les vétérinaires reprochent le plus au cheval de pur sang, ce sont « ses réactions atroces, sa bouche dure et ses pieds perfides ». (Toussenel?)

L'amélioration des races de selle par le pur-sang ! Ils n'y ont jamais pensé, n'en voient pas l'utilité, et s'ils daignent s'abaisser jusqu'à discuter entre eux ce sujet pourtant si intéressant, c'est pour en dire le plus de mal possible. Ils le font avec une telle naïveté que leurs discours prêtent à rire.

Mais le malheur de cet état d'esprit, c'est que ces professeurs, d'ailleurs excellents vétérinaires, forment les générations successives de vétérinaires militaires et de vétérinaires civils. Les premiers prennent au régiment des leçons de choses, les meilleures, et s'ils tiennent tant soit peu à cheval, chercheront pour se remonter un cheval le plus près du sang possible. Les autres, et ce sont les plus nombreux, se répandent dans les campagnes où ils initient les petits éleveurs au mépris et à la haine du pur-sang et de l'inutile demi-sang de selle, même comme reproducteur.

Dans les écrits de M. Lemichel, vétérinaire en 1860, on peut déjà constater cette haine aveugle, sans restriction, enfantine, puisqu'elle s'attaque même aux partisans du pur-sang, la haine de cet animal noble comme cheval de selle ou étalon.

Voici d'autre part ce qu'on peut lire dans une petite brochure éditée en 1890. (*La production du cheval de guerre*, Châlons-sur-Marne, Imprimerie républicaine), par M. Magnin, vétérinaire.

Le pur-sang, base de la régénération des races ! C'est ce que disent les hommes de cheval, c'est peut-être ce que pensent les grandes cocottes en renom, cela est bien sûr dans les us et coutumes du Jockey-Club

Pur-sang d'armes.

(qu'il faut prononcer *cloob* comme au faubourg Saint-Germain, si l'on veut être un parfait homme de cheval); mais c'est en contradiction avec le raisonnement le plus élémentaire et les faits constants de la pratique ! Allez donc, amateurs en chambre, zootechniciens fantaisistes, dans les pays d'élevage peuplés de chevaux de trait ou autres, suivez les commissions de classement, et vous les reconnaîtrez entre mille, les fils de votre *régénérateur* par excellence; vous les reconnaîtrez, ces produits décousus, tarés de bonne heure, impropres au trait et à la selle, *qui ne valent pas ceux dont les pères sont de médiocres chevaux de trait*. On ne sait que trop comment il améliore les races, votre pur-sang ; l'essai n'en est plus à faire.

Lu, d'autre part, dans le *Bulletin de médecine vétérinaire :*
« Ainsi que beaucoup d'autres, beaucoup trop à mon avis, l'auteur, surtout au point de vue où il s'est placé (l'industrie chevaline du Calvados, etc., au point de vue des remontes militaires), me paraît accorder une importance trop grande à l'hérédité... » (Sanson, *Bulletin de médecine vétérinaire*, 94.)

Puis le même auteur conseille aux cavaliers de l'armée de revenir de l'erreur suivante :

« Préférer le bouquet, la branche, l'harmonie et l'élégance du cheval près du sang, à la durée du service qui importe le plus. »

« *Tout petit carrossier*, continue-t-il, doué de ces qualités se militarisera sans difficulté par l'entraînement méthodique à son métier, c'est-à-dire qu'il deviendra capable de la mobilité exigée et de ces longues marches aux diverses allures qu'on a le tort, dans le monde militaire actuel, où il y a trop de sportsmen, à mon goût, d'appeler des *raids*. »

Après 93, en être resté à Azincourt !

« Nous retrouvons, écrit le même auteur, des chevaux nerveux et difficiles parmi nos chevaux de service ; or, bon nombre d'entre eux ont eu parmi leurs ancêtres des chevaux de course desquels ils tiennent leur excitabilité nerveuse. »

M. Magnin va jusqu'à recommander l'emploi des étalons rouleurs pour fuir la contamination du métis de demi-sang :
« Le métissage, ajoute-t-il, tel que nous l'avons vu appliquer jusqu'ici pour les races chevalines, est à condamner comme ne donnant pas de résultats industriels. »

Voilà le mal, disent-ils ; savez-vous quel remède ils proposent : d'abord supprimer les haras, et les remplacer par des commissions d'achat, composées d'éleveurs et de vétérinaires naturellement.

Ils pourraient avoir cent fois raison, car tout *vétérinaire homme de cheval* est supérieur en matière hippique à un simple sportsman.

Je trouve même que systématiquement on écarte trop le vétérinaire, quel qu'il soit, des différentes commissions. La voix consultative n'est pas suffisante. Eux seuls possèdent les bases essentielles de la science du cheval. Nous avons pu nous rendre compte à quel piétinement était réduite la science des grands écuyers des siècles qui ont précédé la fondation des écoles vétérinaires; et quand nous voulons, nous, homme de cheval, sortir de l'ornière profonde où l'embourbent nos prédécesseurs, nous nous empressons d'apprendre les rudiments de ces sciences qu'ils mettent, eux, des années à acquérir.

La pratique sans la science ne permet que peu de progrès. Mais la méthode scientifique et expérimentale sont les plus sûrs garants de la réussite.

C'est ce qui me fait répéter que personne mieux qu'un vétérinaire ne peut devenir officier acheteur parfait, car, à *égalité de connaissances pratiques,* il sera supérieur à un simple officier de cavalerie.

Il serait donc à désirer que nos jeunes vétérinaires fussent poussés par tous les moyens possibles à allier la science à la pratique du cheval. Ils seraient incontestablement plus écoutés dans la question de l'élevage du cheval d'armes, c'est-à-dire du demi-sang.

Le débat s'est beaucoup envenimé, et personne n'ayant voulu faire un pas vers son adversaire, les deux partis sont restés sur leurs positions.

Les uns, en contact avec les éleveurs qui *récoltent* les chevaux comme on récolte du blé, pour les vendre, abondent naturellement dans le sens de leurs clients; ils disent avec un certain bon sens — car des essais malheureux ont été tentés — que si on avait laissé faire les partisans du sang nous n'aurions plus ni percherons ni boulonnais, les deux seules races françaises qui nourrissent leurs éleveurs sans aucun secours de l'État.

Un fait très typique s'est passé il y a deux ans : M. Viseur, vétérinaire, a été nommé sénateur du Pas-de-Calais à la presque unanimité des suffrages, à cause de sa lutte contre les haras, en faveur de la conservation de la belle race boulonnaise, envers et contre tous.

On comptait autrefois deux dépôts de remonte en Lorraine, Villers et Sampigny. Maintenant les conseils généraux, les syndicats agricoles, font venir à grands frais des étalons boulonnais et belges et refusent d'avoir recours aux haras nationaux.

Ces populations veulent des animaux aptes à leurs travaux, de vente facile et rémunératrice, et c'est leur intérêt qui les guide.

On oublie trop qu'en dehors des grandes crises, le patriotisme ne consiste le plus souvent « qu'à pendre à sa fenêtre trois drapeaux et deux lanternes vénitiennes aussitôt qu'on parle d'alliance russe... ».

Et les vétérinaires, épousant les intérêts des populations au milieu desquelles ils exercent, épousent leurs erreurs hippiques, au point de vue des remontes militaires.

Le jour où l'élevage du cheval d'armes et du cheval de selle trouvera un débouché, il est probable que ces messieurs se rendront à l'évidence, et partout où il pourra servir à faire du cheval de selle, ils préconiseront l'emploi du pur-sang et du demi-sang, dans la mesure où il peut être utile.

Quant aux autres, aux hommes de cheval si attaqués et auxquels leurs adversaires attribuent tant d'idées fausses et ridicules, ils ne cherchent pas « à couvrir la France de métis plus ou moins aptes à prospérer sur le sol où ils naîtront », non ; ils voudraient simplement que dans les pays où le cheval de selle peut être créé, et il y en a, l'infusion du sang transformât les races indigènes en chevaux utiles à la guerre moderne.

Il est prouvé, la chose ne souffre plus discussion, qu'au point de vue remontes, le cheval près du sang possède une évidente supériorité.

Voici un extrait du *rapport* du commandant du 1er régiment de dragons de la garde prussienne, lieutenant colonel von Brozowski, *sur l'aptitude des chevaux pendant la campagne 70-71.*

Lady Spencer, demi-sang anglais.

1º Le meilleur cheval de cavalerie est celui qui provient des remontes de la vieille Prusse, entre sept et quatorze ans. Cet animal a répondu pleinement aux exigences du service de cavalerie légère en campagne et s'est montré capable d'endurer les fatigues les plus excessives et d'y résister. *La supériorité des chevaux, sous ce rapport, a toujours été en raison directe de leur degré de sang.*

Le cheval prussien dont le type est le Trakehnen, est un cheval demi-sang à raison de 50 pour 100 de pur sang anglais, 25 pour 100 de sang arabe et 25 pour 100 de sang indigène (lithuanien). (*Les races chevalines*, par L. de Simonoff, 1894.)

2º Les chevaux réquisitionnés se sont montrés très inférieurs à ceux provenant de la remonte. *Parmi ces chevaux, le sang a encore affirmé sa supériorité.*

3º Les chevaux pris à la cavalerie française ont, sous le rapport de la solidité et de la résistance, généralement répondu aux qualités d'un bon service ; mais ils étaient lourds d'allure, mal dressés et moins maniables que le cheval de remonte prussien.

4º Les animaux les moins aptes au service de la cavalerie ont été réquisitionnés en France. La plupart avaient été pris en Normandie. Il a été démontré que les chevaux de cette province peuvent moins supporter la fatigue des longues marches que les anglo-normands.

L'histoire de la guerre de 1866, par le grand état-major allemand, met en relief, d'une façon saisissante, l'immense service rendu par le lieutenant-colonel d'état-major, qui, dans la nuit précédant la bataille de Sadowa, a franchi, grâce à son cheval de pur sang, une distance de 15 lieues, à travers les montagnes de la Bohême, et a pu faire parvenir ainsi l'ordre de jonction des deux armées, qui a assuré la victoire.

Je pourrais multiplier les exemples prouvant combien les puissances étrangères approuvent la régénération des races de chevaux par le sang et s'emploient de toutes leurs forces à diriger leur élevage dans ce sens, et dans le but de la guerre.

En 1877, M. de Cormette écrivait : « L'amélioration du cheval prussien est en train de s'effectuer par une infusion de *sang anglais représenté par les meilleurs types...* On n'admet plus, dans les haras d'Allemagne, que des étalons ayant fait leurs preuves sur les hippodromes.

« Le cultivateur allemand *sait très bien employer au travail de ferme les chevaux de demi-sang* ».

On voit par ces citations que le cas fait par la remonte

allemande (il en est de même en Autriche-Hongrie) du pur-sang comme améliorateur, et du cheval près du sang comme cheval de guerre moderne.

En Angleterre, presque tous les régiments de cavalerie sont remontés en chevaux irlandais.

Le comte de Charlemont, le plus grand éleveur de demi-sang en Irlande, dit : « Nous n'avons pas de classe de chevaux de charrette comme en Angleterre. *J'ai de la culture faite avec des chevaux de pur sang* ».

« Le hunter irlandais vient d'un pur-sang et d'une jument de charrette légère et de bonne race par un étalon hunter. » (Sydney.)

Les sociétés de courses françaises, les haras nationaux, peuvent être dans leur tort. C'est du moins l'avis de tous les gens compétents dans la matière; mais il ne faut pas se baser sur l'égoïsme des uns et la complaisance des autres pour décider que le pur-sang et le demi-sang sont des éléments nuisibles. Une hache en acier n'est pas un mauvais instrument parce qu'un apprenti bûcheron s'en sert mal. Elle ne doit pas être remplacée par une hache en silex, parce qu'elle est mal maniée. C'est l'apprenti qu'il faut changer.

Il est hors de discussion *qu'une cavalerie bien montée est nécessaire à notre existence comme nation.*

Or un simple mécanicien est souvent plus apte à connaître les défauts d'une machine et à la bien régler, que les ingénieurs les plus savants avec leurs calculs sur les plans desquels on a peut-être construit la machine.

Eh bien, c'est nous, les officiers et les sportsmen, « c'est nous qui sont » les mécaniciens; c'est nous qui marcherons à pied quand notre « petit carrossier » boitera; et c'est nous qui crèverons, quand il mourra. Et nous ne voulons ni marcher à pied, — il y a des hommes exprès pour cela et qui sont « les fils de la reine des batailles », — ni crever, avant d'avoir fait œuvre utile et glorieuse; c'est pour cela que nous ne voulons plus nous servir de la cavalerie de forteresse, mais avoir des chevaux de sang malgré l'opposition des zootechniciens ou des politiciens, porte-paroles des intérêts d'argent de leurs clients.

Le remède, me direz-vous? Une nouvelle société s'est fondée qui répondra pour moi. Son titre est : **Société d'encouragement à l'élevage du cheval de guerre** ; il indique nécessairement son but ; parmi les noms des membres du comité, je n'ai vu celui d'aucun vétérinaire ; je le regrette, car il faudrait que toutes les forces vives de la nation, considérée au point de vue hippique, ses forces intellectuelles soient toutes tendues vers ce seul but, le perfectionnement du cheval de guerre utile pour le rôle de la cavalerie moderne.

Je me suis, je le crains, trop écarté de ma conversation avec le lecteur, simple acheteur à la recherche d'un bon cheval de selle. Mais il ne faut pas s'y tromper, l'homme de cheval moderne se moque de l'élevage, absolument comme les éleveurs se moquent de l'équitation.

Le sportsman a cependant tout à gagner à la création du cheval de guerre. Il trouvera dans celui-ci, s'il est bien fait, un excellent cheval de chasse.

La troisième raison pour laquelle on voit si peu de cavaliers civils et militaires monter des pur-sang, est peut-être la plus sérieuse : *Le bon cheval de pur sang est cher.*

Je n'énumérerai pas ici toutes les causes qui, en plus de sa rareté numérique, en majorent les prix.

Mais, s'il est difficile à trouver, il existe tout de même ; que les commissions de remonte des corps se montrent moins sévères pour quelques traces de feu, etc., et on verra doubler le nombre des officiers qui en seront détenteurs. Mais je suis obligé de constater que la tendance actuelle n'est pas pour encourager les officiers à présenter aux commissions des chevaux de sang.

Quant aux civils, ils ont le temps d'en chercher, de suivre les courses, d'assister aux ventes, de se déplacer pour visiter les écuries d'entraînement et les centres d'élevage, en un mot d'être à l'affût des occasions... S'ils le veulent, ils pourront galoper sur un pur-sang, ce que, pour leur agrément, je leur souhaite de tout mon cœur.

Le plus gros reproche qu'on fasse aux chevaux de pur sang, c'est qu'ils manquent de rusticité... En l'état actuel, le reproche est peut-être fondé. Les soins exagérés donnés dans les écuries d'entraînement ne prédisposent pas un cheval à partir en campagne dans le courant de l'année... Ces soins dont on les entoure sont assez naturels : quand il ne reste plus dans votre boîte que quelques allumettes, vous ne vous en servez pas de préférence au milieu d'un courant d'air... Lorsqu'en France le pur-sang ne sera plus un animal presque inconnu dont on raconte ou trop de méfaits ou trop de bienfaits, quant on l'élèvera comme les autres chevaux, il sera aussi rustique que les autres chevaux. Voyez les chevaux arabes, et nos tarbais avec du sang plein la peau : sont-ce des animaux rustiques ou non?

Il faut pourtant, au point de vue élevage et souvent même d'un dur service, faire une exception en défaveur du mauvais et inutile *pur-sang, produit seulement en vue des courses*, et dont l'éleveur ou le propriétaire n'a, en s'en servant, que de honteuses préoccupations d'argent. Ce sont surtout ces pur-sang-là que visent, sans doute, les détracteurs du sang.

Le seul reproche qu'on peut adresser à certains amateurs de pur-sang, c'est que son emploi et son achat les dispensent trop souvent de connaître le cheval. Ils savent seulement que personne n'osera critiquer leur choix quand ils présenteront un cheval *qui a un nom*. A cheval sur un « tesson » de pur-sang claqué de partout, avec des jambes enveloppées, ils s'imaginent avoir l'air « d'une fine cravache ».

Combien j'en ai connu de ceux-là qui eussent été incapables d'acheter un cheval pour le coupé de leur maman, ou de trouver chez un marchand le bon hunter qui les portera quand ils auront pris du ventre.

D'après Stonehenge (1871), il existait en Angleterre (Irlande et Écosse non comprises) plus de cent équipages de fox-hound et plus de vingt clubs de chasse entretenant des meutes... Plus de vingt mille chevaux sont mobilisés tous les ans pour suivre ces chasses. Elles sont suivies par toute l'aristocratie, par toute la bourgeoisie habitant les comtés, par beaucoup de fermiers. Le fils du lord galope à côté du clergyman. Ce dernier saute un fossé à côté du vétérinaire et de son fils. Ceux-ci, je vous l'assure, savent alors quelle est la différence, au point de vue selle, chasse, cavalerie, armée, entre le petit carrossier cher à nos zootechniciens et le cheval de sang que nos officiers voudraient voir dans le rang.

« Faites disparaître, écrit un Anglais, la chasse de notre pays, une noblesse résidente, et une gentry faisant la mode de monter à cheval, des fermiers qui montent, et remplacez-les par des paysans qui conduisent des charrettes attelées de bœufs et de vaches, et le déclin de la qualité et du nombre de ceux qui montent à cheval et qui conduisent en Angleterre serait certainement rapide. »

Et ce qui suivrait la décroissance des sportsmen serait celle, tout aussi rapide, du nombre et de la qualité des chevaux utilisables à la selle.

Que tous les esprits sérieux et pratiques constatent avec tristesse, que le débouché commercial n'existe pas pour le cheval de selle conformé en hunter, que le goût public préfère le carrossier trotteur au carrossier hunter, que le percheron et le boulonnais sont d'excellents chevaux de gros trait, que par conséquent il n'est pas étonnant de voir la production s'engager dans cette voie lucrative : ils constatent un fait. Mais il ne faut pas en tirer cette conclusion : ne sont vraiment bons, au point de vue zootechnique, les seuls chevaux n'ayant pas une goutte de sang anglais dans les veines...

Tout a été fait pour le pur-sang, il touche tous les ans de fortes allocations ; le trotteur est dans les mêmes conditions.

Nos races de gros trait, si célèbres dans le monde entier, se suffisent à elles-mêmes, sans le secours de l'État, elles peuvent se passer de la tutelle des haras... elles se vendent...

Quant au cheval de guerre, il est absolument prouvé, par les témoignages de ceux qui s'en servent (on ne demande pas à un pépiniériste comment on forge le fer), qu'il doit être de demi-sang ; que les petits carrossiers et la majorité des trotteurs actuels ne remplissent pas les conditions d'aptitude au galop... Que fait-on pour le cheval de guerre ?

Sa production est entravée, je ne dis pas seulement par des difficultés économiques, mais par des considérations politiques.

Il n'est donc pas étonnant que les sportsmen français et les officiers aient tant de difficultés à se remonter.

Je place le cheval de pur sang [*m'écrit un véritable homme de cheval au sens le plus large du mot, M. le marquis de Mauléon*] au-dessus de tous les autres; à la condition pourtant d'en proportionner la force au poids qu'il doit porter; et l'on trouve toujours un cheval de pur sang qui portera un fort poids aussi bien, sinon mieux, que n'importe quel cheval de demi-sang et il aura toujours plus de courage. Aucun n'aura une égale souplesse, un égal moelleux, aucun ne sera plus droit. Son pas et son galop sont exceptionnels. Je ne parlerai pas du trot qui est une allure accidentelle.

Le trot est une allure accidentelle; ce mot va probablement soulever bien des murmures; et j'entends bien des récriminations dans des bouches même autorisées; je n'en reste pas moins ferme dans ma conviction.

Le pas et le galop sont l'allure des cavaliers et celle des peuples cavaliers. Le trot est l'allure du harnais. Au galop vous pouvez allonger ou ralentir l'allure dans les limites de ce que peut donner le cheval, au trot vous ne pouvez que le ralentir; pour obtenir un train maximum, il faut en changer. Généralement, les chevaux qui ont beaucoup de trot n'ont pas de galop ou bien ont un galop très désagréable. Plus ils font d'effort pour allonger le galop, plus ils lèvent les pattes et moins ils avancent.

Il ne s'ensuit pas qu'en temps ordinaire, une longue route ne soit aussi bien couverte par un cheval au trot que par un cheval au galop; mais en matière d'usage du cheval de selle proprement dit, soit à la chasse, soit dans un service de reconnaissance, où toutes les vitesses sont successivement employées, le pas et le galop sont les vraies allures.

Je n'ai pas la prétention d'imposer ma manière de voir, conclut le marquis de Mauléon, et d'ériger cette proposition en principe absolu, je vous la donne comme une préférence tout à fait personnelle.

Après le cheval de pur sang anglais, me mettant toujours au point de vue de mes goûts, je placerai le cheval de pur sang anglo-arabe avec de la taille et un bon élevage. Ces animaux ont sur beaucoup d'autres le grand avantage de demander beaucoup moins de soins et d'être beaucoup plus vite en condition. Il m'a été donné d'en rencontrer d'extraordinairement agréables, souples, intelligents, gais et adroits, allant sans être chauds, possédant du train et une grande résistance.

Je ne veux pas finir ce chapitre sans citer presque *in extenso* une communication au *Bulletin vétérinaire* de M. Jacoulet, vétérinaire en premier, professeur à l'école de Saumur, qui me paraît résumer les tendances de tous les hommes de cheval (il en est un), ainsi que celles de la grande majorité des vétérinaires militaires :

Je ne peux me défendre de la crainte qu'il n'existe, chez les personnes qui n'en ont pas une grande expérience, une certaine aversion pour cet excellent cheval. Dès qu'il s'agit de lui, on voit trop exclusivement le cheval d'hippodrome, et même la spirituelle caricature de Toussenel : un cheval ultra-longiligne, effilé, aminci, un peu énervé par un entraînement sévère dès le bas âge et les courses à outrance. On ne se représente peut-être pas suffisamment que ce cheval, lorsqu'on ne l'épuise pas par les courses et qu'on le retire de l'entraînement à cinq ou six ans, prend ensuite beaucoup d'ampleur. Son squelette se développe ; son corps s'élargit ; son organisme n'étant plus entretenu dans un état de tension productive aussi élevé, a moins d'exigences, il est moins nerveux. Comme d'autre part, tous ses appareils ont acquis une puissance fonctionnelle considérable, il devient cheval de service parfait, le cheval d'armes par excellence entre les mains des cavaliers d'élite : rustique autant que les autres quoi qu'en disent les profanes, résistant aux intempéries, aux fatigues, apte à porter le poids. Je voudrais pouvoir rallier ici à ma voix tous ceux qui ornent les écuries de l'école de cavalerie et vous les présenter dans leurs multiples attributions de chevaux de carrière, de manège, de steeple-chases, de sauteurs, de chevaux d'armes. L'ampleur de leurs formes vous surprendrait à ce point que vous auriez peine à reconnaître l'origine de la plupart d'entre eux, surtout des sauteurs ; tous, mais particulièrement ces derniers, vous donneraient une preuve bien palpable de ce que peut la gymnastique sur le développement de l'organisme.

Je pourrai vous en citer des quantités qui, leur carrière de courses plates finie et tout en continuant une demi-carrière de courses d'obstacles, ont suffi pendant huit, neuf, dix ans au travail d'armes le plus pénible.

Cependant ces chevaux ne sont guère que des ratés, la plèbe de leur production. C'est que, on ne saurait le nier, la sélection rigoureuse opérée dans cette race depuis deux siècles environ, l'a épurée au delà de ce qui a été fait par ailleurs et l'a dotée d'une puissance héréditaire à nulle autre pareille. Pratiquement, on a donc raison de l'appeler race pure dès l'instant que l'on s'entend. Elle est pure par les qualités exceptionnelles fixées et entretenues par elle et qu'elle transmet avec son sang. Je ne crois donc pas contestable la supériorité de ces chevaux *comme chevaux de selle et aussi comme améliorateurs*, lorsque, bien entendu, la loi des appareillements est observée et que toutes les conditions nécessaires à la réussite d'un croisement sont réunies comme en Normandie, par exemple. Mais pour faire des métis et surtout des métis industriels ; pour faire du cheval *gros* et *léger*, il n'est pas besoin de performances exceptionnelles de vitesse ; on devrait, au contraire, se contenter pour qualifier les reproducteurs des épreuves de deux ou trois ans avec l'origine et la conformation. Ils seraient soustraits à un entraîneur trop sévère et au lieu de les effiler, de les affiner, on les laisserait prendre du gros ; c'est ainsi que les Anglais obtiennent ces pur-sang étoffés, gros à l'égal de nos anglo-normands, qu'ils envoient disputer nos steeple-chases. Tel était entre autres *Royal-Meat* qui gagna le Grand Steeple international en 1890.

J'adresserais volontiers, à notre collectivité, si j'étais sûr de ne froisser personne, le reproche de ne pas être assez sportsmen, d'être les hommes de science de Gayot qui se *tiennent avec trop de soin en dehors de la pratique du cheval.* Je le dis surtout pour les militaires dont je suis. Sortis de l'école sans expérience, à peu près même sans aperçus pratiques sur l'utilisation du cheval, nous nous élevons dans des idées toutes de déductions théoriques quand elles ne sont pas préconçues ; certaines relations de cause à effet nous échappent et *nous nous trouvons en opposition avec les gens ayant l'expérience de la chose* à la conservation et à l'exaltation des qualités de laquelle nous devons concourir avec eux. Le dualisme est ainsi créé dès le début de notre carrière, et il ne fait que se creuser, l'âge donnant plus de force aux convictions, plus d'obstination aux entêtements et d'autant plus que, de part et d'autre, on est convaincu d'être dans le vrai, de posséder les meilleurs éléments de la cause. Combien notre mission serait plus efficace, plus complète et plus agréable si, avec nos moyens scientifiques, *nous étudiions le cheval en le pratiquant.* Nous posséderions alors tous les éléments de la cause ; nous marcherions côte à côte avec les officiers de troupe au lieu de nous heurter sur le terrain de l'hygiène ; nous aurions une autorité morale qui manque vraiment à un vétérinaire lorsqu'il veut imposer ce qu'il croit convenir au cheval de service sans l'utiliser jamais ou du moins sans l'utiliser suffisamment.

Ma conclusion est que l'homme de cheval, dans la bonne, la vraie acception du mot, non dans l'acception légère et d'après l'idée qu'on s'en fait en englobant les Gaston et les Gontran des journaux satiriques : ma conviction, dis-je, est que l'homme de cheval devrait doubler tout vétérinaire. On devrait nous commencer une éducation cavalière complète, sérieuse, dans les écoles, parce que l'année de Saumur est insuffisante à la compléter dans l'état actuel et parce que, pour être moins indispensable aux vétérinaires civils, cette éducation leur servirait grandement. Tous ceux qui la possèdent ont sur leurs pairs une supériorité. (Jacoulet, *Bulletin de médecine vétérinaire*, an. 1896.)

Dans les pages qui vont suivre, je ne m'occuperai pas de l'achat et de la vente du pur-sang.

Il sera seulement parlé du demi-sang de selle qu'on appelle aussi *demi-sang galopeur*, pour le différencier *du demi-sang carrossier ou trotteur*.

Je dénomme, d'une façon générale, un demi-sang tout cheval dans les origines duquel on retrouve une trace de sang pur (anglais ou arabe) suffisamment abondante et rapprochée pour que ce cheval puisse avoir les qualités utiles du modèle, de tempérament, de trempe, d'allures, en un mot de sang, que lui auront léguées ses ascendants de race pure.

A strictement parler, un sujet de demi-sang est le produit d'un pur-sang avec un animal de sang moins noble.

Mais il faut donner pratiquement au qualificatif demi-sang

une signification bien plus large, telle que celle dont je viens de parler ci-dessus.

Un cheval de demi-sang, écrit le comte Wrangel, peut être d'autant plus près du pur-sang qu'il n'en est séparé que par une théorie conventionnelle. — Je ne prends comme exemple que le célèbre *The Colonel* qui remporta deux fois la victoire dans le grand steeple de Liverpool. — Mais d'un autre côté, le cheval de demi-sang peut aussi être classé assez bas dans l'ordre de la race chevaline.

Les appellations de trois quarts de sang, de sept huitièmes de sang, de quinze seizièmes de sang qu'on se plaît à donner me paraissent tout à fait dénuées de fondement, car qui voudrait assurer que l'hérédité s'effectue dans la progression mathématique servant de classification à cette base ?

La Société d'encouragement à l'élevage du cheval de guerre français qualifie demi-sang un cheval ne comptant pas plus de trois reproducteurs de pur sang dans leurs six ascendants directs.

(

CHAPITRE IV

Où achète-t-on un hunter ?

1º Chez l'éleveur. — Rareté du cheval de selle en France plus apparente que réelle. — Différents pays d'élevage. — Type carrossier actuellement en honneur. — Utilité du trotteur. — Rareté du cheval d'âge.
2º Chez le marchand. — Le bon et le mauvais marchand. — Le bon et le mauvais client. — Pourquoi un beau et bon cheval vendu un prix raisonnable n'est presque jamais français. — Hunters et diverses provenances : français, irlandais, anglais, belges, américains. — Modèles médiocres, mais satisfaisant la clientèle, des chevaux importés par les marchands. — Idées fausses des cavaliers français sur la valeur des chevaux. — Façon d'acheter un cheval. — Cheval donné à l'essai. — Vices rédhibitoires et vices en matière de vente. — Maquignons et courtiers.
3º Dans les foires.
4º Chez les particuliers. — Essai sérieux nécessaire. — Renseignements presque toujours erronés. — Bonnes occasions fréquentes. — Vente de chevaux après saison de chasse.
5º Ventes publiques. — Le cheval de service. — Le cheval de pur sang.
6º Au concours hippique. — Modèles qu'on y trouve. — Prix qu'on les paye. — Prix internationaux. — Prix d'obstacles. — Bons hunters qu'on y rencontre. — Vente publique de clôture. — Agences spéciales.

On achète un hunter, chez l'éleveur, dans les foires, aux concours, chez les marchands, chez des particuliers et aux ventes publiques (1).

(1) Une mode qui tend de plus en plus à se généraliser est la location de chevaux pour la saison de chasse. Cela coûte cher, mais les risques sont nuls. De plus, ce système dispense absolument les sportsmen de connaître le cheval et de savoir le soigner. De semblables procédés rendent les gens qui s'en servent complètement ignorants de la chose hippique. Quel plaisir peut-on avoir à monter un cheval qui ne vous appartient pas ?
Un jeune homme qui régulièrement compose son écurie en chevaux de louage est mûr pour l'automobilisme. Il se promène sur un cheval, il n'est pas homme de cheval.

Chez l'éleveur. Dans quelles régions peut-on trouver tracé ou non le cheval de demi-sang en France? Pour répondre à cette question, je ne me placerai pas au point de vue de la remonte nationale. La réponse serait brève : Presque nulle part.

Comme je l'ai dit plus haut, cet article ne se tient pas couramment sauf dans le Midi, dont on n'a pas encore pu transformer les excellents chevaux en carrossiers ou en trotteurs.

Je suppose, au contraire, qu'un officier ou un particulier veuille acheter à l'éleveur un produit de demi-sang apte à faire un cheval d'armes ou de chasse. Je répondrai : « Presque partout, vous trouverez des sujets isolés ». C'est beaucoup plus la mauvaise et inégale répartition des centres d'élevage des chevaux de selle que le manque absolu de chevaux, qui fait qu'il semble très difficile d'en trouver.

Je connais dans bien des pays où jamais on n'aurait l'idée d'aller chercher un cheval, certains éleveurs, certains petits châtelains, voire des paysans, qui au moyen *d'une bonne poulinière améliorée* française, anglaise, irlandaise, ou d'une bonne jument de réforme de l'armée, produisent modestement de bons et beaux demi-sang.

Mais l'acquéreur trouvera, s'il aime se promener en carriole sur les routes, après avoir passé une ou deux nuits en chemin de fer, trouvera, dis-je, son affaire : en Bretagne, en Vendée, dans les Charentes, dans la Nièvre, en Saône-et-Loire, sur le plateau central, spécialement dans le Limousin et la Creuse où l'on fait de merveilleux chevaux, et dans tout le Midi (sauf la vallée du Rhône) où sont d'excellents chevaux mais en général un peu légers pour les gros poids, je dis en général, car on en trouve de solidement charpentés dans le Gers et le Médoc.

Mais c'est incontestablement la Normandie qui *devrait* fournir le vrai demi-sang galopeur, le frère du cheval irlandais.

On en trouve par hasard de cette espèce, surtout dans la Manche et le Merlerault. Mais ne vous déplacez qu'à bon escient, et sur l'avis d'un ami qui connaît vraiment le cheval de selle; car la Normandie est tellement gangrenée par l'élevage du *trotteur carrossier*, que vous risqueriez fort de vous voir présenter à grand renfort de cris, de fouet, de « bruit de chapeau », etc., le modèle suivant : « Court de partout, à moins

Hunter, poids moyen.

qu'il ne soit décousu et par conséquent manqué ; le dos mou quoique court, la ligne scapulo-costale manquant de développement et la poitrine de profondeur ; le garrot coupé, souvent bas, l'épaule droite, courte et massive, l'encolure mal sortie... En action ce cheval est lourd, péniblement s'éloigne de terre et majestueusement y revient comme pour accentuer que son triomphe est d'y poser en statue. »

Ce n'était pas pour voir un tel trotteur que vous vous étiez dérangé.

Ne me croyez pas cependant ennemi juré du trotteur. Le trotteur est nécessaire et les courses au trot sont aussi un mal nécessaire, et voici pourquoi : les courses au trot, on ne peut le nier, développent les races qui y sont soumises en France, dans le sens de l'aptitude à porter du poids. Elles sont nécessaires pour fixer cette race de reproducteurs de demi sang ; elles reçoivent de nombreux encouragements, et somme toute, si, telles qu'elles sont comprises, elles ne donnent pas un modèle parfait, du moins elles maintiennent l'étoffe utile au cheval de guerre.

Les courses au galop de demi-sang, à moins de règlements draconiens qui éloigneraient beaucoup de concurrents, transformeraient ces demi-sang, de compacts qu'ils sont, en chevaux plus ou moins claquettes. En allégeant cette race de demi-sang, on arriverait à un résultat diamétralement opposé au but poursuivi.

Quelqu'un me proposait ce moyen terme, sans doute inacceptable, comme beaucoup de choses raisonnables : « Laisser aux trotteurs suivre leur carrière de courses au trot ; au moment de l'achat par les haras d'un étalon trotteur destiné à produire le cheval de selle ou de guerre, on le ferait courir au galop avec ses concurrents, ou bien on chronométrerait son temps au galop sur une distance de... »

Il me semble que le principe de cette idée n'est point si sot. S'il n'existait au monde que des trotteurs et si j'étais obligé d'en acheter un dans un lot pour mon service personnel, j'essaierais ce lot au galop, et j'en achèterais le vainqueur.

Et je suis persuadé que les trotteurs de M. Olry arriveraient les premiers au poteau. Je serais trop heureux de monter à la chasse la ravissante *Plume-au-vent*, ou *Polka*, ou *Ergoline*, ou encore un animal ressemblant à une des célébrités du trotting citées par M. de Gasté : *James-Watt, Napoléon, Moonlighter* et *Presbourg* (1).

Chez l'éleveur ne vous attendez pas à trouver des chevaux d'âge; leur propriétaire serait vite ruiné s'il les gardait jusqu'à six ans. Vous n'y rencontrerez que des chevaux de trois ans, à tous crins, et j'espère pour vous que vous serez assez malin pour trouver sous cette rustique enveloppe, les points de beauté nécessaires au bon cheval que vous cherchez.

Rien n'est plus difficile que de juger un poulain. Avant que sa croissance ne soit complète, il changera souvent; il grandira du derrière, puis du devant, jusqu'à ce que l'équilibre s'établisse ou ne s'établisse pas entre ces deux parties; son encolure pourra rester courte et massive... Mais ce qui ne changera pas, ce sont ses os, les angles articulaires et la direction des rayons. Sur ces points seuls vous pourrez baser votre jugement ainsi que sur l'ampleur de la boîte thoracique.

Mais si on achète un poulain, il faut pouvoir l'attendre, et fort longtemps; on ne peut en effet s'en servir de suite et tant qu'il sera jeune cheval, vous serez obligé d'en avoir d'autres pour votre service.

Un poulain est de plus dans une écurie bourgeoise une cause de beaucoup d'ennuis. Si on ne sait pas se servir du cheval en France, on sait encore moins le soigner, surtout lorsqu'il est encore très jeune, et c'est du reste beaucoup plus difficile qu'on le croit; très peu de personnes savent le service du jeune cheval qui n'a jamais porté que des mouches; aussi le laisse-t-on à son homme d'écurie. Celui-ci le bourre d'avoine et le promène en main. Au bout de cinq à six semaines le cheval devient rétif et insupportable, à moins que quelque grave maladie ne le mette sur le flanc pour de longs mois.

Le seul avantage qu'on retire généralement des déplace-

---

(1) *James Watt*, par *Phaéton* et *Dame d'honneur*, a beaucoup de sang pur. Il est né dans le Merlerault, et a été acheté en 1891 par le haras du Pin.

Ergoline, issue de *Camélia*, par *Sir-Quik Pigtail*, pur-sang.

Napoléon par son père *Phaéton* a du sang de *The heir of Linne*, il est né dans l'Orne.

Moonlighter, par *Fuschia* et *Niniche*, pur-sang, né dans l'Orne.

ments aux élevages, est qu'on parcourt du pays; on entend causer les gens, on visite des écuries particulières et on finit par connaître les chevaux d'âge qui « pourraient peut-être bien être à vendre » dans le canton.

CHEZ LE MARCHAND DE CHEVAUX

Il y a marchands et marchands.

Les uns sont des marchands sérieux qui, en trompant, ont tout à perdre et rien à gagner. Autant que possible, ils n'iront pas vous vendre une rosse, s'ils peuvent faire autrement.

Il faut bien se rendre compte quels sont les aléas de leur métier et comment eux-mêmes procèdent pour acheter. Obligés d'engager chaque fois un assez fort capital, pour ramener de Belgique, d'Angleterre, d'Irlande ou d'Amérique, leur lot de chevaux, ils ne peuvent céder à vil prix le mauvais cheval qu'ils ont ramené avec les autres. Ils perdraient trop. Pensez qu'ils ont déboursé leur voyage, la rémunération du courtier qui a rassemblé les chevaux en un point donné, le prix d'achat desdits chevaux et celui de leur transport, les droits de douane, la « commission » pour le cocher et quelquefois pour le vétérinaire de l'acheteur. Puis presque tous ces chevaux tombent en gourme ou en maladie, il en meurt : frais de nourriture, médicaments, vétérinaire.

Leur loyer est souvent très élevé, les piqueurs et les garçons d'écurie ne travaillent pas pour rien. Vous voyez de combien est majoré, avant que le marchand n'y trouve son bénéfice, le prix d'achat d'un cheval. Au bout du compte, pour s'y retrouver, les mauvais chevaux doivent être vendus avec les bons. Si le cheval est boiteux ou abîmé, c'est au tattersall qu'il ira, d'où perte sèche.

Une des causes de déficit pour un marchand et qui est très importante, paraît-il, c'est que beaucoup de gentlemen paient mal. Les uns se font longtemps tirer l'oreille et finissent par payer, quant aux autres on leur arracherait les deux oreilles qu'ils ne paieraient pas davantage.

Le mauvais marchand lui, s'il va à l'étranger, avec fort peu

Girl-the-First, demi-sang normand, trotteur.

Capucine, trotteuse, demi-sang normand.

d'argent généralement, achète ce que le bon marchand n'a pas voulu prendre. Ses animaux ont souvent du modèle, et comme le mauvais marchand doit vendre à toute force et vite, on peut avoir chez lui un mauvais cheval pour pas cher. Il peut se faire aussi que ce cheval bien soigné, bien entraîné, devienne bon ; j'ai vu quelquefois cette heureuse transformation.

Le petit marchand reçoit souvent chez lui un médiocre cheval que le gros marchand ne veut pas vendre à sa clientèle. Il finit par le placer chez un collègue et les bénéfices sont partagés suivant les conventions.

Quand vous faites la tournée des marchands à Paris, vous êtes souvent étonné de revoir chez Z... le cheval que vous aviez remarqué chez X... Ils sont comme ça assez nombreux les petits et même les gros marchands qui se rendent service entre eux. « Je ne parviens pas à vendre ce cheval, prends-le, tu seras peut-être plus heureux que moi. »

Ou bien c'est encore un cheval emprunté pour un appareillement. Quelles que soient les causes de ces trocs, c'est toujours au détriment de l'acheteur que s'établit le bénéfice qui naturellement doit être double puisqu'ils sont deux à le partager.

C'est aussi chez le petit marchand que le particulier met ses réformes et ses chevaux vicieux à vendre. On y rencontre le cheval d'échange.

Leurs écuries me font l'effet du magasin de bric-à-brac, où l'on trouve souvent des objets de prix enfouis au milieu de saletés sans valeur ; mais il faut dans les deux cas être connaisseur.

Il a été calculé qu'un cheval de troupe revient au moment où il est bien en service, à 2,500 francs à l'État. Et pourtant ce cheval, payé en moyenne 950 francs, est assez chichement nourri, mal pansé et rudimentairement abrité.

On peut donc affirmer qu'un cheval *français de six ans*, net, beau et bon, de 1^{m}60 de taille, a une valeur au moins égale. Ajoutez-y le bénéfice du marchand et vous verrez, à peu de chose près, ce que vous le paierez.

Or le cheval neuf de six ans n'existe pas en France, pour les marchands du moins ; ils ne peuvent le trouver.

Un amateur isolé rencontrera, en cherchant, ce cheval également isolé. Le marchand ne peut à plus forte raison en trouver un lot. Je parle bien entendu du cheval de selle utilisable à six ans seulement. Car les chevaux de voiture normands et les chevaux de l'Ouest fournissent un gros contingent aux marchands spéciaux : ces animaux ont de quatre à cinq ans et se vendent très cher.

Je ne connais qu'un seul marchand à Paris où l'on puisse trouver *des chevaux de selle* français. Ces chevaux viennent tous de la Nièvre. Il y en a souvent chez lui de très beaux, mais malheureusement trop jeunes.

On peut donc être à peu près certain que les chevaux de selle des marchands de chevaux viennent de l'étranger.

Ils arrivent presque tous d'*Angleterre* et d'*Irlande*, beaucoup de *Belgique* qui elle-même en prend en Irlande. (La Belgique est une sorte de dépôt de transition des chevaux anglais et américains pour tous les pays d'Europe.)

Depuis quelques années certains marchands ont la spécialité de *chevaux américains*. D'autres les leur achètent et les vendent sans s'en vanter ; cela dépend de la clientèle.

Le cheval américain n'est pas du tout le cheval de la Plata comme on le croit généralement. Il y a des régions dans l'Amérique du Nord où les chevaux prennent avec des croisements appropriés le type du hunter, du norfolk, du cob, etc. Dans d'autres régions le pur-sang réussit très bien. Il n'y a donc pas de type américain proprement dit et on trouve dans ce pays-là de bons chevaux comme de mauvais. Seulement, et c'est l'avis des garçons et des piqueurs des marchands qui en ont la spécialité, ces chevaux sont réellement plus sauvages et plus difficiles à dresser à la selle que les chevaux du continent. Tout dépend de la façon dont ils ont été fréquentés à l'élevage dans la mère patrie.

Ces chevaux en général ne coûtent pas très cher dans leur pays d'origine. Le prix du transport par lot important est assez réduit ; on pourrait donc les payer un prix raisonnable si les marchands l'étaient aussi.

Il ne faut surtout pas juger le cheval américain d'après ceux qu'on a vu débarquer à Bordeaux et vendre dans de grandes villes de province ; c'étaient là des animaux inférieurs ne ressemblant en rien à ceux que j'ai pu apprécier à Paris.

Hunter, poids lourd.

Le cheval irlandais ou anglais n'est pas payé très cher en Angleterre *par les marchands.*

Ce sont généralement des chevaux dont on ignore la qualité et le caractère et qui ne sont pas connus dans le pays. Ceux qui se sont fait remarquer dans leur comté par quelque performance, y prennent une grande notoriété et vieux ou jeunes il n'est pas rare de les voir payer de 10,000 à 12,000 francs par un gentleman soucieux de monter un cheval sûr au saut et parfaitement dressé.

Il y a quelques années l'impératrice d'Autriche acheta au Captain Steed, un hunter léger pour poids léger au prix de 15,000 francs. Le duc de Portland paya 17,750 francs un cheval pour poids lourd. Ce sont là des prix exceptionnels. Il n'y a guère qu'à l'équipage de Pau-houd, en France, qu'on paye un cheval de chasse entre 5,000 et 12,000 francs.

Même en Angleterre de très bons animaux, tel le fameux « Sober-Robin », cité par le major Wrangel, sont payés un prix moyen de 2,000 francs, et souvent moins.

J'estime — après avoir pris des renseignements très sérieux et d'après mes propres remarques — qu'on devrait avoir à Paris un très bon et beau hunter, dans les 2,000 à 2,500 francs. Ce cheval a été payé en Angleterre de 1,250 à 1,600 francs.

Mais son dressage sera, je ne dis pas à faire, mais à confirmer. Car il faut bien se persuader de ceci, c'est que le cheval irlandais qui passe pour beau en France, — le type classique du cheval pour vieux monsieur et pour gros poids — n'est qu'un cheval de cab en Angleterre.

Le bel irlandais, avec de l'espèce, du bouquet, près du sang, réunissant la force à la légèreté est très rare à Paris, où hélas! peu de gens l'apprécieraient (ces animaux-là, on ne les approche que quand ils sont derrière une forte grille, ça pourrait mordre) et où encore moins de gens auraient de quoi se le payer.

Allez chez un des marchands du quartier des Champs-Élysées. Faites sortir les chevaux du dernier convoi. Voilà ce que vous verrez : Des chevaux très bien faits, très proportionnés, gros, forts, compacts, chevaux de selle sûrement, mais pas complets : il leur manque de l'encolure, de la distinction dans la tête (on vous répondra qu'ils ne marchent pas avec!) et surtout des pieds proportionnés à leur taille ; ce ne sont pas des assiettes ou des plats, que leurs pieds, ce sont des tours, lourdes, épaisses et massives.

Et pourtant l'influence du sang est si grande, l'influence de la gymnastique fonctionnelle qu'ont subie leurs grands-parents a tellement réglé le jeu des articulations et la disposition des muscles, que ces gros chevaux trottent; bien mieux, ils galopent et sautent facilement et légèrement!

Pas un cheval du type anglo-normand cher aux haras, pas un cheval trotteur, ne pourra à côté d'eux soutenir le train pendant une longue chasse.

Que les chauvins ne rugissent pas, je suis intimement persuadé que *le jour où l'on voudra* faire de ces chevaux en France, ils seront au moins aussi bons.

Mais ce que n'auront *jamais* nos chevaux français, et il faut nous en prendre à nos mœurs plus « pédalardes » qu'hippiques, ce sont : cette épaule apte au galop, ces beaux quartiers de derrière, bien descendus sur les jarrets, qui indiquent non pas l'aptitude mais *l'habitude* ancestrale du saut : de cela « ils en ont en Angleterre ».

« Monter à cheval et conduire, sont les plaisirs essentiellement nationaux des Anglais.

« La première idée d'un Anglais qui réussit dans les affaires est ou de monter à cheval ou de donner une voiture à sa femme, ou bien de faire les deux. » (Sydney.)

Les chevaux de chasse irlandais sont supérieurs dans le saut aux chevaux anglais. En voici la raison : le poulain irlandais est habitué à suivre sa mère par-dessus les haies et les fossés. Il est mis à la longe sur l'obstacle dès deux ou trois ans, et souvent le fils de la maison s'amuse à le monter. Le poulain ne fait donc que développer de bonne heure ses qualités ancestrales pour le saut : il apprend à se servir de son rein et de sa tête.

L'irlandais est plus habitué que l'anglais aux mauvais terrains. De plus depuis très longtemps l'Irlande a possédé un nombre considérable d'excellents étalons de pur sang, tandis qu'en Angleterre, il n'y a que relativement peu de temps qu'on s'occupe de l'amélioration du cheval de comté.

Je ne connais pas malheureusement assez bien la carte hippique de l'Angleterre, ni l'état de son élevage, pour pouvoir me rendre compte des causes de ce manque de distinction dans la tête, l'encolure et les pieds. Les uns m'ont parlé de l'influence du Norfolk, qui produirait des chevaux destinés spécialement à l'exportation ; d'autres, mais je n'ai pas voulu les croire, prétendent que ces excellents chevaux de cab sont choisis entre mille, *exprès* pour notre goût irraisonné pour le cheval gros et tranquille.

En tout cas, ce que je peux affirmer, c'est qu'il y a dans les pays d'élevage en Angleterre, des chevaux superbes, des chevaux de gravure et que ces chevaux se payent très cher. Nous avons la très mauvaise habitude en France, après avoir payé les yeux de la tête une vilaine voiture, d'y atteler des chevaux de réforme. Nous dépenserons une fortune pour monter un équipage de chasse que nous suivrons avec un rossard de 600 francs. Il faudrait pourtant avaler cette vérité, c'est qu'un cheval — je me répète — de six ans, de 1^{m}60, net et beau, vaut de 1,800 à 2,500 francs. Au-dessous de ce prix, c'est un cheval d'occasion. Il faut toujours le chercher. Quant à le trouver, c'est beaucoup plus difficile.

La jeunesse militaire spécialement se fait les plus grandes illusions sur la valeur réelle des chevaux, je ne parle même pas de leur valeur marchande.

L'État leur offre d'un cheval net, distingué, entre six et huit ans, la somme dérisoire de 1,200, 1,300 et 1.400 francs, selon l'arme! L'État, comme dans toutes les questions où son intérêt est en jeu, est sourd et aveugle ; il en est resté aux prix du premier Empire... Le général de Brack payait à peu de chose près ces prix-là les chevaux auvergnats de ses chasseurs. Et le factionnaire oublié là restera toujours auprès du banc peint depuis cent ans.

Cette difficulté où sont nos officiers, de se remonter convenablement est une des causes prédominantes de leur peu de goût pour le cheval. Pendant un ou deux ans, au sortir du collège, de Saint-Cyr, de Saumur, ils galopent sur n'importe quoi, n'importe où, à travers champs (et sur les routes, s'il n'y a pas de champs); mais le premier feu passé, ils regardent leurs

FLATTEUR, pur-sang anglais.

chevaux et ce qu'il en reste, et quand ils ont dit : « Ce n'est que ça, » ils mettent pied à terre.

Donnez-leur de bons chevaux, de beaux chevaux, quand ils seront colonels ils galoperont encore. Quoi qu'il en soit, lorsqu'un officier ou un jeune homme a payé 1,800 francs un cheval à un marchand il croit avoir été refait de 500 francs.

Il est injuste, car le plus mauvais cheval de son peloton vaut le double, comme $2+2=4$.

Cette affirmation n'est pas consolante, j'en conviens, mais elle est absolument vraie. Ce qui l'est aussi c'est la réciproque. Quand un officier peu au courant des transactions hippiques veut vendre un cheval, généralement beaucoup mieux dressé qu'il ne l'eût été par un civil, — adroit et franc à l'obstacle, sage partout, — il le laisse partir pour un prix dérisoire... Aussi les gens qui le lui achètent, au lieu de croire à son désintéressement (involontaire, avouons-le), racontent partout qu'ils n'y connaissait rien ! »

Il est très regrettable, remarquons-le en passant, que la grande majorité des officiers se tienne ainsi en dehors du « mouvement hippique ».

Car la lecture du *Jockey* ou de l'*Auteuil-Longchamps* ne suffit pas pour faire un homme de cheval instruit.

Fouillez les bibliothèques de corps et celles de garnison : le pauvre général de Brack soutient tout seul la vieille réputation du cavalier léger français contre les romans modernes, de vieux bouquins d'histoire et d'assommants « historiques » de régiments. De livres concernant l'équitation, l'élevage, les races, le sport, la nourriture, l'hygiène, l'emploi du cheval : néant!

Mais je reviens à mon marchand; il est là, dans sa cour sablée, vêtu à la dernière mode, très gentleman; il vous attend. Au fond de la cour sont rangées ses voitures étincelantes, break de dressage, tilbury, mail-phaéton et tonneau pour le poney.

Les boxs entr'ouverts laissent apercevoir des animaux en liberté, revêtus de camails et de couvertures, sous lesquels ils disparaissent.

Dans l'écurie une rangée de superbes croupes luisantes ponctuées d'une courte queue, et surmontées de plusieurs doubles de couverture dont la dernière est un multicolore petit plaid irlandais. Des flanelles foncées aux rubans jaune vif enserrent uniformément les jambes, les bonnes et les mauvaises. La litière est éblouissante, les licols en buffle blanchi font vaguement penser à la légendaire science d'astiquage du corps d'élite de la gendarmerie. Tout est prêt; vous pouvez entrer.

Mais il y a aussi deux sortes d'acheteurs, les bons et les mauvais. Ces derniers se subdivisent eux-mêmes en deux genres. Les gourmés, peu polis avec le marchand, secs et cachant leur ignorance sous une fébrilité à grand'peine refrénée. Tous les chevaux pour eux sont mauvais, truqués, boiteux. Ils me font toujours penser à un amateur de bibelots ignorant qui déclarait toujours chaque objet « moderne ». A la vérité, avec son système de dénigrement systématique, ce dernier ne se trompait que rarement.

L'autre genre de mauvais acheteur est le bavard et le tatillon. Il a potassé son traité d'hippologie et arrive avec des notes sur ses manchettes. C'est lui qui regarde le cheval de face, de biais, de profil, en dessous, en dessus. Il lui pince le rein, frappe sur les pieds avec un marteau, gesticule devant les yeux pour voir si le cheval est aveugle, enveloppe brusquement un jarret avec sa main au risque de se faire tuer d'un coup de pied : il cherche l'éparvin, la jarde et la courbe : ils peuvent y être, il ne les verra pas. Et quand il tâte un tendon, le bouton du péroné est toujours un suros; il sait tout, il a tout vu... Il fait sortir tous les chevaux, met les garçons sur les dents, exaspère le marchand auquel il raconte entre temps ses petites histoires de famille Sydney pensait à lui en écrivant :

« Il est plus difficile d'acheter un cheval qui vous convienne qu'une voiture parce que le cheval ne se fait pas sur commande..... Mais beaucoup de personnes ne font rien ou ne peuvent rien sans être assistées par l'éloquence du marchand. »

Sa visite dure deux heures, et généralement il se retire d'un air important sans rien acheter.

Mais s'il achète, et si son intention était d'acquérir un hunter pour la chasse, il partira avec un hanovrien bon pour le coupé. Juste revanche du marchand obsédé.

Il y a beaucoup de sous-genres du mauvais acheteur, et il

faut vraiment qu'un marchand ait besoin de gagner sa vie pour ne pas les mettre tous à la porte, depuis celui qui se pend à la langue gluante d'un cheval pour s'assurer de son âge, jusqu'à cet autre qui n'apparaît jamais que flanqué d'une demi-douzaine de paletots jaunes, ses amis, et d'un paletot noir, son vétérinaire : une véritable commission de remonte !

Le bon acheteur, lui, est plus modeste, moins supérieur et surtout moins bavard ; il fait tranquillement une petite tournée dans les écuries et regarde, les seules choses qu'il puisse voir du reste dans le raccourci d'un cheval vu de dos, c'est-à-dire les croupes, la direction des jarrets, l'expression de la tête du cheval tournant dans sa stalle ; s'il a affaire à un marchand qui ne soit pas homme de cheval, il lui dit : « Sortez-moi successivement tel et tel cheval. »

Si le marchand est connu comme homme de cheval, la chose est plus simple. « J'ai besoin d'un cheval de telle taille, pour tel poids, apte à tel service, de tel âge, et de tel modèle et dans tel prix. »

Le marchand est fixé : il vous sortira des chevaux ressemblant plus ou moins à l'article demandé. Les premiers n'y ressembleront pas du tout : c'est pour vous tâter. Faites-les tranquillement rentrer.

Voilà enfin un animal dans le genre de celui que vous cherchez.

Soyez en vous-même très sévère pour le modèle du cheval en montre... Car dans la cour du marchand, entre les doigts serrés et l'éperon de son piqueur, un cheval très ordinaire peut avoir l'air de quelque chose.

Mais le lendemain, au déballage, devant votre famille assemblée qui descend précipitamment voir « le nouveau cheval », vous constatez souvent, honteux, que ce dernier est laid et commun.

Il vous semble que le marchand ait dû se tromper et que ce n'est pas celui-là que vous aviez choisi.

« Certaines personnes ont ce don de comparaison, ou comme l'appellent les phrénologistes, la « forme » développée, à un tel point que si, une fois dans l'œil la *conformation régulière* du cheval, ils deviennent meilleurs juges que d'autres qui ont pratiqué depuis leur plus jeune âge. » (Sydney.)

Hunter irlandais (Campagne romaine).

Hunter irlandais.

Ne vous « emballez » donc pas sur le cheval en montre; le plus joli cheval est déformé par cette mode idiote du camper. Mais saisissez le moment où il quitte la station campée pour se mettre en marche, puis tâchez de voir si le tableau qui s'en imprime dans votre œil, coïncide avec celui de votre idéal... s'il coïncide plus ou moins, si ce n'est pas ça, inutile de continuer l'examen, la première impression est la seule bonne.

Le modèle vous plaît-il? Faites arrêter le cheval et regardez-le, à bout de longe bien d'aplomb. Détaillez-le vivement. Il vous plaît toujours? Faites-le seller. C'est alors que tombe de la bouche de l'élégant marchand le classique : « Put the saddle on the bay horse. »

Ne vous croyez pas obligé de monter vous-même ce cheval qui arrivé il y a quatre jours portera peut-être l'homme pour la première fois de sa vie. J'ai vu plus d'un piqueur de selle ramasser une « sale tape » à l'essai, devant le client. C'est regrettable pour le piqueur, mais vous, vous n'êtes pas payé pour ça.

Voilà votre cheval au Cours-la-Reine ou au bois de Boulogne, voyez-le au pas, au trot et au galop. Regardez-le de profil, et venant sur vous et s'en éloignant.

De profil vous vous rendrez compte de l'ensemble, de la ligne du dos, de la régularité des allures et du genre de galop. Vous verrez aussi comment s'engage l'arrière-main.

De face et vu de dos, vous remarquerez l'aplomb des membres pendant les allures. Ne prenez jamais un cheval qui billarde, c'est hideux; ne prenez jamais non plus un cheval qui chez le marchand se coupe devant ou derrière ou dont un membre contourne adroitement, en marchant, le boulet de son congénère. S'il se coupe déjà chez le marchand, en dessus de sa condition de travail, que fera-t-il après une dure chasse?

Écoutez sa respiration. Comme généralement les piqueurs tirent dessus, vous entendrez facilement s'il siffle. Un cheval monté les rênes très longues par un piqueur doit être corneur... Cette remarque a été souvent contrôlée et presque toujours elle était vraie.

Voyez comment le cheval tourne; vous aurez par là quelques notions sur son caractère, ses jarrets et son rein.

Puis faites-le arrêter et rendez-vous compte de sa tranquillité. Faites-le remonter et partir dans une direction opposée à l'écurie.

Presque tous les marchands font monter leurs chevaux dans l'écurie même. Là, tous sont sages au montoir, et ne songent pas à se défendre. J'ai essayé moi-même avec certains chevaux impatients et je les ai toujours trouvés calmes quand je les montais dans leur stalle.

Du reste l'immobilité à l'arrêt et la sagesse au montoir s'obtiennent assez vite avec de la patience et de l'esprit de suite.

Si le cheval vous plaît complètement, montez-le, refusez tout accompagnement, partez tranquillement, croisez quelques omnibus, puis dans une allée cavalière et sur le dur, donnez-lui un bon galop; rentrez-le et, si vous en avez le courage, ne revenez le voir que le lendemain matin, ou simplement quatre ou cinq heures après; si le cheval est mauvais, le galop aura laissé ses traces sur ses pattes.

En tout cas, il faut le faire sortir de nouveau et, si vous êtes décidé à le prendre, l'examiner pour l'achat, les yeux, l'âge, les pieds, les aplombs, l'état des tendons, l'état des jarrets, voilà les points qu'un amateur non vétérinaire peut efficacement contrôler.

Les yeux : vous vous êtes rendu compte de la façon dont le cheval s'en servait pendant son essai, inspectez-les cependant.

L'âge : si on y connaît quelque chose, ce qui est très rare, on peut regarder les dents suivant le manuel ordinaire.

Les pieds : très peu de personnes sont capables de différencier un mauvais pied d'un bon, surtout si une habile ferrure les égalise à peu près pour l'œil. En tout cas, méfiez-vous toujours des ferrures extraordinaires, trop épaisses, trop minces et surtout trop couvertes. Il n'y a rien de bon là-dessous.

Étonnerai-je les hommes de cheval et les vétérinaires en affirmant que beaucoup d'amateurs ne voient pas un cheval « feindre »... Quand il boite à plat, ils l'annoncent triomphalement. Encore seraient-ils incapables de dire de quel pied.

Les aplombs : il est assez facile de juger de leur bonne direction, surtout par devant.

Les tendons et le canon, le boulet, le jarret, voilà les points sérieux à considérer.

Tous les traités spéciaux indiquent les principales tares, leur gravité et la façon de constater leur existence.

Un cheval chez un bon marchand, vendu comme net, l'est généralement; mais ce dont, chez eux, comme chez les autres vendeurs, il faut s'assurer, c'est de l'état des tendons au voisinage de la bride carpienne. Presque tous les jeunes chevaux de selle « partent » de là, ou du boulet.

S'assurer pour la bride carpienne, si la gouttière du tendon qui est à sa hauteur est bien nette, sèche, et si son réseau vasculaire n'est pas dilaté.

Tâter le boulet surtout à sa face postérieure afin de sentir si des molettes articulaires ne sont pas sorties.

Ces deux accidents sont, je le répète avec intention, ceux que j'ai rencontrés le plus souvent chez les chevaux de quatre à six ans dont j'ai eu l'occasion de me servir.

Pour mon compte personnel je n'hésiterais jamais à ne pas prendre un tel cheval, si je compte en user de suite d'une façon utile.

J'aimerais presque mieux acheter un cheval qui a de mauvais pieds!

Quand aux tares du jarret, l'amateur novice ne les découvrira que s'il y voit des traces de feu. Elles devraient le rassurer, car elles prouvent généralement que la période critique est passée (1).

Essayez de détourner votre esprit de la prévention contre les jardons. Ils n'existent presque jamais que dans votre imagination.

La chose importante, en l'espèce, c'est la bonne conformation des jarrets, et l'ouverture utile de leur angle articulaire.

Les bons chevaux ont les jarrets presque *droits*, et plutôt ouverts que fermés.

Sur beaucoup de chevaux anglais vous remarquerez des feux

---

(1) « Dans les jarrets, un éparvin ou un jardon ne nous effraie pas, car rarement nous avons vu des chevaux en être incommodés, dit William Day. La seule tare qu'il ne peut souffrir est le vessigon chevillé, car il résiste à tout traitement. »

en raies sur les jarrets. Ce sont des feux préventifs qu'on a l'habitude de mettre aux poulains. Je crois que ces feux n'ont jamais rien prévenu. En Angleterre, on attache plus d'importance à la qualité utile des membres, qu'à leur degré de netteté absolue, si recherchée en France, où l'on préfère des membres ordinaires comme conformation, mais complètement exempts de tares. A moins qu'elles ne déparent visiblement le cheval, toute tare ne faisant pas boiter, et ne diminuant point la qualité du cheval, ne devrait jamais faire peur à un sportsman.

Qu'on me permette une légère digression. J'entends autour de moi, des gentlemen, des officiers dire avec désespoir : « Quel dommage que tel cheval ait un éparvin, ou le feu sur un éparvin ou de mauvais jarrets; sans cela je le prendrais pour cheval d'armes ou de chasse! » Ils ont bien tort de l'abandonner. Combien ai-je connu de ces chevaux tarés, galoper, sauter, chasser et jusqu'à un âge avancé. Assurément il y a jarrets et jarrets. Mais il faut être très modéré dans son jugement sur la gravité des tares et plus je vais, plus je suis sceptique sur leur nocuité dans le service d'un *cheval fait*. Les gens qui achètent des chevaux avec une hippologie dans leur poche me font l'effet des scrupuleux, le nez toujours plongé dans « un examen de conscience » trop détaillé. Ils finissent l'un et l'autre par trouver les tares et le mal partout.

Quant aux autres défauts que pourrait avoir votre future acquisition, il faut être assez habitué à fréquenter les chevaux, pour pouvoir vous en rendre compte par vous-même.

Contentez-vous de voir si les quatre pattes sont restées bonnes le lendemain de votre essai, qui vous aura aussi donné aussi une idée du souffle.

Si vous n'êtes pas rassuré cependant, amenez donc un vétérinaire, le vôtre, si vous en avez un, et *surtout un vétérinaire s'occupant de chevaux de course*. Vous avez toutes les chances pour être renseigné, non sur ce que votre cheval est, mais sur ce qu'il devra être, étant donnés ses tares, ses pieds, ses aplombs, son âge, etc., son état actuel de santé et son degré de sang.

Au fond, quand on achète un cheval, c'est comme si on tirait un numéro à la loterie. Le marchand ne le connaît pas plus que vous. Son rôle se borne à vous le vendre le plus cher possible. C'est à vous, grâce à vos connaissances spéciales, ou de celles d'un ami ou d'un vétérinaire, de choisir un numéro donnant des chances de gain. Il y a quelques principes qui règlent tant soit peu ces chances. C'est la connaissance pratique du cheval qui ne s'apprend ni dans les petits ni dans les gros bouquins.

Surtout ne cherchez pas un cheval parfait : il n'existe pas. Souvenez-vous du proverbe allemand :

« Si tu cherches un cheval sans défaut, et une femme parfaite, tu n'auras pas un utile cheval dans tes écuries, ni un ange dans ton lit. »

Soyez très sobre de remarques, ou mieux n'en faites pas du tout. Pas de question non plus ; vous pouvez être sûr de la réponse : « Bon cheval, monsieur, il saute sa hauteur ! »

Si le cheval ne convient pas dites qu'on le rentre, et ne vous répandez pas en paroles amères. Ne dénigrez pas la marchandise. D'autres la trouveront parfaite.

Mais le cheval vous convient ? Voilà le moment désagréable : celui de la fixation du prix.

D'abord, vous êtes-vous fixé un prix à vous-même ? Oui. Alors, que le cheval le vaille ou ne le vaille pas, vous le donnerez tout de même, s'il est le même que celui du marchand.

La grosse difficulté — et il faut avoir pour la surmonter une grande habitude de l'achat — est de savoir le prix marchand du cheval. Il faut savoir si, ce cheval, tel qu'il est là, vous n'en retrouverez pas un pareil demain ou dans quelques jours, pour un prix moins exagéré et se rapprochant plus de sa valeur normale, chez un autre marchand ?

Si vous ignorez cette « mercuriale », n'hésitez plus et achetez votre cheval, puisqu'il vous convient.

Faut-il marchander ? On peut toujours essayer. Beaucoup ont horreur de ça.

Je les comprends. Il vaut mieux dire au marchand : « Monsieur, votre cheval me convient, mais je vous avais prévenu, je ne peux pas dépasser telle somme. Le prix que vous me faites maintenant du cheval déborde mon budget de 300 ou de 500 francs ; je suis obligé d'y renoncer. » Presque toujours à la suite de ce petit discours, l'affaire est conclue au mieux de vos intérêts.

Souvenez-vous, au moment de l'achat, qu'il y a d'autres dépenses qui augmenteront vos débours, la « pièce » à l'écurie, le voyage du cheval, et les honoraires du vétérinaire si vous vous en êtes servi.

Voici les conseils donnés par le comte Wrangel dans son livre *Das Buch von Pferde*. Il y en a quelques-uns de très bons.

« *Audi, vide et tace,* « et crois seulement ce que tu peux voir et toucher ».

Tu as d'autant plus besoin de l'assistance d'un vétérinaire que ton expérience personnelle est plus courte.

Méfie-toi des courtiers : leur intérêt veut que, bon ou mauvais, le marché soit conclu. Car tu es pour lui une pratique d'occasion et l'autre, le marchand, une pratique stable.

Si tu veux acheter un cheval qui gagne sa nourriture, *que ton cheval ait au moins six ans.*

Un bon cheval de dix ans vaut mieux qu'un excellent poulain en croissance.

Essaye le cheval sur le terrain dur et sur le mou.

Ne laisse pas sortir un blâme de ta bouche. S'il est mérité, le marchand sera de mauvaise humeur; s'il ne l'est pas, ton ignorance éclatera au grand jour et le marchand ne manquera pas d'en profiter. »

Ce sont là de bons conseils :

J'en ajouterai d'autres :

— Inutile de supplier le marchand de ne pas mettre du gingembre : « Parfaitement, — répond celui auquel on fait une semblable demande — du reste c'est inutile le cheval porte très bien la queue... » et il menace des pires supplices le garçon d'écurie s'il se sert de cet excitant. Mais le gingembre y est déjà, la comédie étant réglée à l'avance.

— Ne croyez pas un mot de ce que vous dira le marchand quand il s'écrie avec conviction : « Pour vous, monsieur, c'est tant, mais ne le dites pas; » ou bien : « Je ne le cacherai pas à un connaisseur tel que vous, mais ce cheval est corneur »; ou encore : « Ce cheval est un peu chaud, mais vous montez si bien ».

La vérité est que le cheval est froid comme un marbre, que vous avez fait preuve d'une ignorance crasse, que le prix du cheval n'est jamais réglé que pour le minimum, dont le mar-

Royal Danegelt, hackney (Angleterre).

Princess, jument anglaise.

chand n'approche qu'avec un noir désespoir, et que le cornage est un vice rédhibitoire.

Mais le meilleur mode d'achat est de prendre le cheval à l'essai. Il faut être connu dans la maison et connu comme un sage et bon cavalier et, par-dessus le marché, pas bavard. Le marchand consent alors à donner le cheval à l'essai, il sait que son cheval sera bien monté, essayé sagement, et que s'il ne convient pas il sera réexpédié discrètement.

Je connais un jeune homme qui n'a jamais que de mauvais chevaux. Voici comment il procède : Il achète un cheval, l'expédie chez lui ; le lendemain il le fait seller et lui flanque dans les jambes une chasse au sanglier de quatre heures à plein galop. Naturellement le cheval n'y résiste pas. Il n'a que sa « condition de vente », c'est-à-dire moins qu'une mauvaise condition. Ce jeune homme prétend être volé par les marchands de chevaux ; tout simplement il se vole lui-même.

Vous apercevez-vous, dans les délais légaux (neuf jours francs et trente jours pour la fluxion périodique), que votre cheval est atteint d'un *vice rédhibitoire*, ne perdez pas de temps, et allez trouver le juge de paix afin de constituer experts. Il doit en être de même si le cheval ne répond pas aux garanties supplémentaires que veut vous donner le marchand, *par écrit*.

Généralement, vous n'êtes pas obligé avec les marchands connus à avoir recours à ces moyens. Vous faites constater le cas par un vétérinaire et vous prévenez le marchand du renvoi du cheval ; s'il refuse d'en prendre livraison, recourez alors seulement aux moyens légaux. Faites mettre le cheval en fourrière pour dégager complètement votre responsabilité.

C'est surtout vis-à-vis des particuliers qu'il faut se mettre en règle ; ceux-ci en effet ne veulent jamais admettre que leur cheval ait un vice quelconque. Il faut un huissier pour le leur prouver.

En plus des vices rédhibitoires, il y a aussi des cas rédhibitoires, ce sont tous ceux de *dols* en matière de vente, de manœuvres ayant pour but de tromper sur la qualité de la chose vendue. Il faut alors demander l'avis d'un légiste, car ces matières sont diversement jugées par les tribunaux selon la compétence du juge, les habitudes de la région et les jugements créant antécédents sur la chose à juger. En tout cas, une règle sage, lorsqu'on a affaire à un vendeur inconnu, c'est de ne payer qu'au bout de neuf jours. Personne ne peut se blesser du procédé.

Si vous avez affaire à un insolvable, toutes les garanties, tous les jugements ne vous feraient pas rentrer dans votre argent.

Il peut arriver souvent si le cheval ne convient pas que le marchand consente à vous le reprendre, mais jamais contre argent, à moins que ce ne soit avec un retour en sa faveur. En voici la raison. Peu de gens sont complètement satisfaits d'un cheval tant qu'ils n'y sont pas habitués. Et puis il y a des gens vraiment trop difficiles... Si les marchands avaient l'habitude de reprendre leurs chevaux, ces derniers ne feraient que sortir de chez eux pour y rentrer; de plus, aux yeux des autres clients, un cheval rendu doit avoir quelque vice caché et terrible.

Quelquefois l'échange est consenti. Mais le client, au point de vue de la somme à débourser, est toujours de sa poche; car le cheval est toujours repris avec un dédit. Il faudra encore débourser le prix de trois voyages au lieu d'un.

Il vaudrait mieux, dans la plupart des cas, se contenter, si c'est possible, de son acquisition, la vendre à la première occasion rémunératrice, et en acheter une autre avec plus de discernement.

Je ne m'étendrai pas davantage sur l'achat des chevaux chez les marchands. Je passerai sous silence les ruses des maquignons. Les marchands honnêtes — et il y en a — ne s'en servent pas; il est du reste aussi difficile de les employer que de les découvrir. J'ai connu un fort beau cheval lequel était passé par plusieurs mains, il était admirablement contremarqué et il a fallu un aréopage de vétérinaires, réunis afin de constater un autre vice rédhibitoire, pour que la fraude dentaire fût découverte.

Ce cheval avait été acheté en vente publique et depuis quinze mois avait appartenu à différents propriétaires; le contremarquage devait être l'œuvre patiente et rare d'un véritable artiste.

« .. Les plus dangereux de tous les gentlemen sont ceux qui ont connu des jours meilleurs, et dont le commerce est de rechercher les chevaux tarés, mais ayant une forme et des actions splendides, pour les vendre à cette masse de fous entêtés qu'on trouve constamment dans une grande ville. » (Sydney.)

De ceux-là on ne saurait trop se méfier, ce sont des gens tarés, qui n'ont plus rien à perdre comme honorabilité et tout à gagner comme argent.

Le seul maquignonnage dont j'aie été témoin chez un marchand est le suivant : Je le cite car il est assez curieux et prouve combien le client est quelquefois difficile à servir : on lui présente un bon cheval, il n'en veut pas, puis il l'accepte lorsqu'une légère supercherie l'a rendu inférieur :

Un marchand avait donc un cheval qui trottait si haut et si fort, qu'un écuyer novice eût été très secoué sur son dos. Le marchand pour l'empêcher de « se livrer » lui avait mis des bottines trop étroites, c'est-à-dire qu'il l'avait un peu serré dans ses fers de devant, et ce cheval, invendable jusque-là, partit le jour même; il ne trottait plus, il trottinait.

DANS LES FOIRES

Il est difficile d'acheter dans les foires. Les « rosseries » des maquignons sont de tradition. Elles y semblent toutes simples et peu de gens s'en choquent. Il faut s'en méfier, voilà tout. Une des plus bénignes de ces supercheries consiste à faire boire le cheval avant la montre pour lui donner du boyau. Une des plus graves est de cacher une tare dure sérieuse par une blessure saignante simulant un coup de pied qui viendrait d'être reçu à l'instant. Entre ces deux extrêmes il y a toute une gamme de trucs que ces virtuoses savent ingénieusement parcourir.

Il est nécessaire, quand on n'a pas l'habitude de la vente ou de l'achat, de confier ses intérêts à un vétérinaire du pays ou à un courtier dont on soit à peu près sûr. Car en dehors même des manœuvres dolosives, vous auriez à souffrir de la majoration des prix due à votre habit de gentleman.

Du reste il est très rare de trouver dans les foires un cheval de selle honorable. On n'y rencontre guère, dans certains pays, que des poulains de selle et dans toutes, des poulains et des chevaux de gros trait.

CHEZ LES PARTICULIERS

Beaucoup de gens sont dans la nécessité de vendre leurs chevaux.

La fin des chasses est arrivée ; une grosse perte d'argent a été subie — un voyage de longue durée a été décidé — une bicyclette ou une automobile est destinée à remplacer le hack ou le hunter, etc. ; autant d'excellentes raisons qui expliquent les nombreux chevaux à vendre inscrits dans les colonnes de journaux spéciaux. On peut trouver dans cette catégorie d'animaux à vendre d'excellents chevaux.

Gardez-vous bien — séduits par un bon marché exceptionnel, — d'acheter l'animal hors ligne annoncé dans le journal, sans l'aller voir et essayer avec le plus grand soin.

De bonne foi, je le crois, tout propriétaire d'un cheval lui donne toutes les qualités : fond, allures, sagesse et surtout le modèle exceptionnel. Il faut le voir au débarqué le modèle exceptionnel! Si c'est un irlandais qui vous est annoncé, vous recevrez quelquefois un cheval de coupé convenable. Si c'est un type de « pur-sang », la laideur sera un peu plus accentuée. Si la lettre descriptive vous avertit que le cheval n'est « peut-être pas d'une suprême élégance, mais qu'il est bâti en bon cheval », il y a gros à parier que votre homme lui-même n'osera le conduire de la gare à la maison de peur d'ameuter les populations.

Donc avant d'aller voir, demandez à ce qu'on vous envoie une photographie. Cette précaution vous évitera souvent les frais et les ennuis d'un long voyage.

Si le modèle vous plaît et qu'après essai, vous pensiez que le cheval a quelques chances d'être bon, achetez-le. Vous tomberez quelquefois sur un très bon cheval, dont son ancien propriétaire, bien que plutôt bienveillant à son égard, ignore les qualités qu'il n'a sans doute jamais mises à l'épreuve.

Le prix de ces chevaux n'est souvent pas très élevé, en vertu de ce principe ancré dans la tête de tout bon Français : « Qu'on doit toujours perdre sur la vente d'un cheval. » Ne les détrompons pas. Du reste, quand un propriétaire a décidé la vente de son cheval, rien ne saurait l'empêcher de le céder à vil prix si l'acheteur insiste tant soit peu ; ni les coups d'œil désespérés de sa femme, ni la mine de son cocher honteux vis-à-vis de ses collègues du bas prix auquel sera livré ce « si beau et bon serviteur », ne le détourneront de sa résolution.

Le propriétaire qui tient bon est très rare. Dans ce cas, ou bien il connaît parfaitement la valeur marchande du cheval et il en demande le juste prix : donnez-le-lui ; — ou bien, il n'y connaît rien et prend son vieux rossard pour un crack ; il en demande un prix ridicule... Ne discutez pas et laissez-lui l'animal pour compte.

Ce sont surtout les petits propriétaires éleveurs qui exagèrent la valeur, l'avenir de tel de leurs élèves, qui ne sera jamais qu'un affreux viandard.

C'est pour cela que je préfère, personnellement, m'adresser à un marchand raisonnable ou aux écoles de dressage. On est mieux servi, plus vite, et on paye le cheval à sa valeur courante.

Mais il est un cas où chez le particulier on peut faire une bonne acquisition : c'est quand les deux caractères, celui du cavalier et celui de sa monture ne concordent pas... Si vos aptitudes équestres vous permettent de résister facilement aux défenses de l'animal, ou mieux si vous pouvez l'utiliser sans provoquer ces mêmes défenses, achetez le cheval les yeux fermés : il est le bon. Il a du modèle, du sang, de beaux membres et assez d'intelligence et d'énergie pour se rendre compte du degré de « mazettisme » de celui qui l'a monté jusque-là.

D'autres chevaux avec de bons caractères sont trouvés « tireurs en diable ». Prenez-les aussi ; tantôt le bridon, tantôt la bride, et surtout les assouplissements, la fixité de la main, le *calme de l'assiette*, suffiront à les rendre légers et agréables.

Certains mauvais pieds provenant d'une ferrure préhistorique ou mal comprise sont facilement refaisables. On vous vend un boiteux ; au bout d'un mois, vous en ferez un cheval droit.

Des tares naissantes et dont la formation provoque normalement la boiterie disparaissent dès qu'elles sont formées, fixées. Ne vous amusez pas à faire un cours d'hippologie à votre vendeur. Payez. Ce ne sera jamais cher, et emmenez votre incurable, il n'est qu'indisponible.

Je pourrais multiplier de tels exemples, mais ils ne serviraient à rien. Dans ces cas la pratique seule est tout, et ce n'est pas en achetant un ou deux chevaux dans toute sa vie qu'on peut l'acquérir.

Le seul bon conseil qu'on puisse donner en cette occasion est celui-ci : N'achetez jamais : un cheval corneur, un cheval à pieds plats ou combles ; un cheval qui se coupe gravement par suite de mauvais aplomb ; ni un cheval sensible aux environs de la bride carpienne (sous le genou, face postérieure) ; ni un cheval couronné, bien qu'un cheval couronné légèrement soit aussi bon qu'un autre comme service. Un tel cheval, vous en ferait-on cadeau pour vos beaux yeux, refusez-le énergiquement. Il ne vaudra rien dans certains cas, pour toujours ; dans les autres pour très longtemps, et quand vous voudrez le revendre, seul un fiacre vous le prendra et pour pas cher.

Car en règle générale, quand on achète un cheval il faut toujours se demander : « Si je ne l'abime pas, pourrai-je le revendre au prix d'achat ? »

C'est là le seul moyen d'éviter les déboires d'argent, à moins qu'ayant inscrit le fidèle serviteur sur les registres de la famille, on ne prenne vis-à-vis de lui l'engagement de lui assurer, à la maison, une longue, paresseuse et inutile carrière dont la mort seule sera le terme honorable.

Certains équipages de chasse vendent leurs chevaux à la fin de la saison. Il y a là de très bonnes occasions. Mais les amateurs malins sont à l'affût, et ce ne sont pas les meilleurs des hunters qui passent sous le marteau du commissaire-priseur.

Il en est de même pour les écuries de plusieurs célèbres

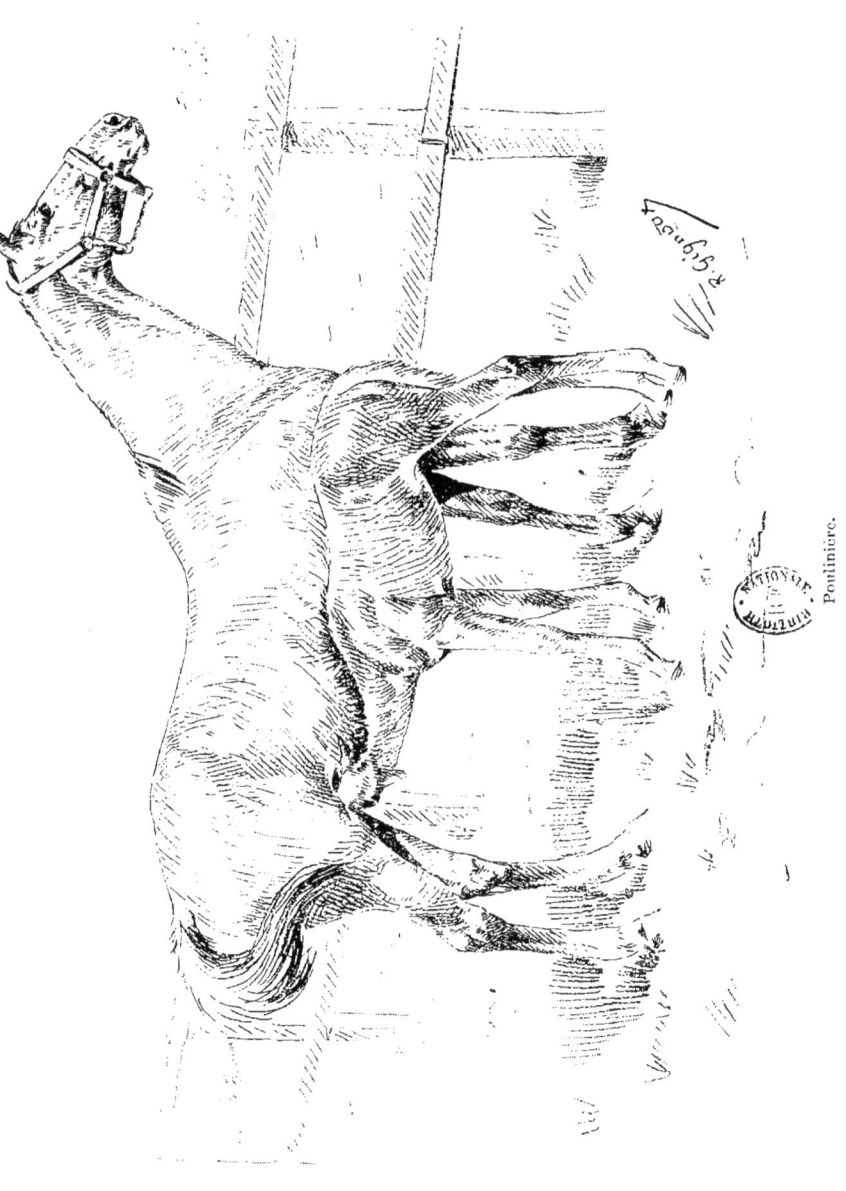

coachmen et sportsmen qui renouvellent leurs effectifs par des ventes annuelles.

Ce dont il faut se méfier le plus, c'est de certains industriels en chevaux qui prennent les allures de gentlemen et annoncent dans les journaux spéciaux des chevaux à vendre, pour cause de décès ou de départ.

Je me souviendrai toujours d'un long déplacement fait en hiver. Arrivé au terme du voyage je me trouvai en présence d'une douzaine de chevaux, dont je reconnus la plupart pour être passés en vente quinze jours auparavant au tattersall.

On ne saurait avant de partir s'entourer de trop de renseignements. A Paris, ces sortes de maquignons sont connus et ils ne trompent que les gens par trop confiants ou par trop sûrs d'eux-mêmes.

C'est surtout avec les propriétaires qu'il faut user, s'ils veulent bien y consentir, de l'essai prolongé. Celui qu'on fait chez eux ne suffit généralement pas. On est pris entre deux trains, et pour peu que quelques kilomètres vous séparent de la gare, c'est à peine si vous avez le temps de regarder le cheval. Si vous connaissez quelqu'un dans le pays, vous vous trouverez bien de lui demander tous les renseignements qu'il peut avoir sur le cheval... il est rare qu'à plusieurs lieues à la ronde un cheval à vendre ne soit pas connu. Quand l'animal appartient à un officier les renseignements abondent. Tout bon petit camarade est volontiers enclin à les donner plutôt défavorables. On fera donc bien de ne les croire qu'à demi. Car leur jugement n'est pas toujours influencé par les qualités ou les défauts du cheval, mais bien par la sympathie plus ou moins grande qu'inspire son propriétaire.

Ce petit défaut n'est pas le propre des seuls officiers; il est commun à toute réunion d'hommes, nous assurerait un psychologue.

Dans les pays de chasse, beaucoup d'amateurs n'achètent que pour la saison et vendent immédiatement après. On peut en suivant une ou deux chasses observer du coin de l'œil les chevaux de ceux qui ont cette habitude.

Ne vous imaginez pas que forcément les chevaux doivent être crevés après une saison de chasse.

Sur 20 cavaliers, 7 ou 8 suivent sérieusement, les autres se promènent ou font les jolis cœurs près des voitures aux carrefours; ce qui fait que, presque toujours, vous pouvez acheter leurs chevaux; ils sont en santé et prêts à être entraînés.

LES VENTES PUBLIQUES

« Les ventes publiques sont, dit Sydney, pour les jeunes et les malins… » En effet, on n'a guère le temps d'examiner les chevaux en vente. Il faut s'entourer de renseignements sérieux, faire visiter le cheval par un vétérinaire débrouillard et ne pousser le cheval que jusqu'à un prix relativement peu élevé, si les renseignements acquis restent dans le vague.

Beaucoup de personnes en effet y vendent leurs chevaux pour ne pas avoir les ennuis d'une vente à l'amiable, mais beaucoup plus s'y débarrassent de leurs chevaux vicieux et tarés.

Je ne parle pas des chevaux de courses, sur lesquels les hommes qui suivent ce sport, et ils sont nombreux, peuvent vous donner des renseignements très circonstanciés.

Les meilleures références qu'on puisse obtenir sont fournies par quelques honorables gentlemen qui par métier ou par goût fréquentent assidûment chez Tattersall ou chez Chéry. Ils causent avec les vendeurs, bavardent avec leurs cochers et palefreniers, sont au mieux avec tous les marchands et connaissent tous les chevaux de la « ville et des faubourgs ». Si ces gentlemen sont bien avec vous, par intérêt, ou pour toute autre cause, ils pourront, à l'occasion, vous éviter celle d'acheter un mauvais cheval.

LES CONCOURS HIPPIQUES

C'est aux concours hippiques que vous verrez réunis, nombreux, de beaux types de chevaux de voiture. Quant aux chevaux de selle, ils sont rares, et c'est dans les classes de chevaux du Midi et du Centre qu'on les trouve surtout.

Je sais bien que l'Ouest et la Normandie présentent des chevaux dits de selle, généralement dételés la veille de leur timon où ils faisaient très bonne figure. Mais un vrai sportsman ou un cavalier ne choisira certainement pas l'un d'eux. Il y a des exceptions naturellement. *Dans les Internationaux*, le modèle se relève un peu, et on peut y trouver d'excellents chevaux d'armes ou de chasse.

Mais pour pouvoir acheter un cheval aux concours de Paris et de plusieurs autres centres, il faut avoir la forte somme à sa disposition... Les chevaux se vendent un prix tel qu'on est en droit de leur demander, en plus de la qualité, d'avoir quelque talent de société, tels que de danser sur la corde raide ou de jouer aux cartes. Il n'en est rien, à peine confirmés au harnais, ils ne sont pas dressés le moins du monde à la selle. Ils portent l'homme, voilà tout.

Dans la classe des chevaux montés sur les obstacles, les services rendus par les concours hippiques sont très importants, au point de vue cheval de selle.

J'ai cru pendant longtemps, avec bien d'autres, que le dressage sur les obstacles, en vue des épreuves du concours hippique, n'avait pas d'utilité pratique, qu'un bon cheval de chasse pouvait être mauvais cheval de concours et réciproquement. La première proposition est vraie, il n'en est pas de même de la seconde : « J'ai monté dans ma vie beaucoup de chevaux de chasse. Seuls, les lauréats de concours sautent avec une très grande adresse et une sûreté incomparable ; ils possèdent en outre un haut degré de souplesse et de docilité ; ils donnent le sentiment de l'absolue sécurité, et procurent infiniment plus d'agrément que les autres. » (Mis de Mauléon.)

J'ajoute que la classe des chevaux de saut du concours constitue à peu près le seul marché où on puisse trouver le hunter complètement fait et prêt à entrer en service.

Le seul reproche qu'on puisse faire aux concours hippiques (sauts d'obstacles) est que quelques cavaliers très ordinaires s'y forgent une réputation imméritée, dont tout l'honneur revient à quelques mètres de longe au bout d'un caveçon, d'une barre fixe et de beaucoup de patience.

Le dernier jour du concours, une vente publique a lieu où

l'on peut disputer à la remonte les quelques sujets invendus des chevaux de classe que les différents éleveurs ne veulent pas ramener chez eux. Mais il est rare d'y trouver le véritable hunter. Au concours, les bonnes affaires se traitent le matin. Des marchands, des gentlemen viennent parader avec leurs chevaux; on peut, si le cheval qu'ils montent vous plaît, tenter de l'acquérir. Ils ne les ont guère conduits au palais de l'Industrie que pour cela.

Agences spéciales. Il existe à Paris des agences offrant de vous trouver le cheval de vos rêves. Ne m'étant jamais servi de leurs bons offices, je ne peux en parler sciemment.

En province, dans deux ou trois endroits bien connus des officiers, on trouve réunis des « irlandais? » et des pur-sang achetables par la commission de remonte du corps. En cas de refus de la part de la commission le marché est nul.

Ces sortes de marchands sont très utiles, et je ne peux qu'en recommander l'usage aux officiers et aux sportsmen.

Les chevaux à vendre ont au moins six ans, au plus huit, et les pur-sang ont quatre ans. Ce sont la plupart des chevaux d'occasion, me direz-vous? Certainement; mais pour être arrivés à six ans en restant *nets*, c'est qu'ils ont de la qualité.

CHAPITRE V

Au pays d'élevage. — Normandie

Deux régions bien distinctes : 1º Normandie, Vendée, les Charentes, la Bretagne, le Nivernais ; 2º le Limousin, le Midi.

1º EN NORMANDIE. — Historique. — Cheval indigène. — Croisements danois sous Louis XV. — Anglais sous Louis XVI. — De 1805 à 1820, divers. — En 1820-1830-1870 anglais. — Puis fixation de la race trotteuse demi-sang. — Belles origines des pur-sang ayant créé le trotteur. — Opinion d'un célèbre sportsman allemand. — Trotteurs modernes le plus près du sang. Harley et James Watt. — Le pedigree de Phaéton et de Corlay. — Le vendeur normand. — Le type idéal de l'anglo-normand. — Les marchands. — Les écoles de dressage. — Foires. — Concours. — Transformation de l'allure chez le trotteur. — Le flying-trot. — Les chevaux de selle ne peuvent être appréciés que par ceux qui les montent. — Nécessité de la sélection des étalons autrement que par le record. — Une nouvelle infusion de sang pur est-elle probable ? — Le trotteur, tel qu'il est, pourrait produire bien avec de bonnes poulinières. — Rareté du cheval d'âge. — Les chevaux achetés par les remontes, les haras, les marchands. — L'élevage à Caen, dans le Bessin, à Isigny, Val-de-Serre, Carteret, le Merlerault, etc.

On peut partager la France en deux régions, où l'on trouve des types de hunters différents, nés et élevés dans le pays.

Le hunter est, pour moi, un cheval capable de marcher à une allure vive, quelle qu'elle soit, pendant la durée d'une chasse, et de donner ce temps-là tous les efforts demandés, sans être crevé le lendemain. Le modèle dépend du poids du cavalier et du pays où il doit travailler.

La première région.

Pour gros poids et *à fortiori* poids moindres, comprend : la Normandie, la Vendée, les Charentes, la Bretagne et la Nièvre.

La deuxième région.

Pour poids moyens (quelquefois gros poids) et poids légers : le Limousin, et tout le Midi.

Dans la première région, la *Normandie*, sans contredit, *devrait* produire les meilleurs hunters. Il est évident qu'elle ne les produit qu'exceptionnellement (1).

Dans l'*Ouest*, les Marais-Saint-Gervais, Rochefort, etc., on voit des hunters de grande taille, 1m65, 1m66 et même 1m70, beaux et bien faits, qui, avec une forte nourriture portent leurs maîtres dans des pays durs en bons et gros obstacles.

A Challans près des Sables-d'Olonne, non loin d'Asson, aux concours et aux foires, on peut rencontrer d'admirables juments suitées de superbes poulains. Un de mes amis a offert 2.800 francs d'un cheval gris de trois ans, 1m62. Ce cheval avait un suros bien placé mais laid. Le propriétaire est parti sans même lui répondre.

Le défaut de ces chevaux est d'être un peu lymphatiques. Ils réussissent mieux dans leur pays que partout ailleurs, il vaut mieux ne pas les exporter de trop bonne heure.

La Bretagne. — Là aussi on saute et on galope, et on voit peu de chevaux anglais. Petit, près du sang, le hunter breton est, peut-être, supérieur à l'irlandais, car il est moins long à s'acclimater, une fois transplanté hors de chez lui.

Je le crois d'autant meilleur qu'il est plus petit et, en tous cas, un breton ne doit pas dépasser 1m56, car il ne trouverait pas, sur son sol, à se nourrir, os et muscles, s'il grandissait davantage.

Le *Nivernais*, le *Bourbonnais*, une partie de *Saône-et-Loire* tiennent le milieu entre la Bretagne et la Vendée.

Dans la deuxième région, le *Limousin* produit des chevaux très près du sang, de modèle léger. Mais on y rencontre depuis

---

(1) Les officiers qui sont passés par Saumur savent bien l'infériorité, en *carrière*, des normands proprement dits, à quelques exceptions près, naturellement.

Les gros irlandais de Saumur, tout chevaux de cab qu'ils sont, valent dix fois plus pour aller à Verries sauter le steeple et revenir au grand trot. Il n'y a quelque temps des chevaux compacts, et qui ont assez de taille.

Dans tout le Midi, on trouvera des animaux légers de formes très sportives. Les progrès réalisés par l'élevage permettent à l'amateur d'acheter dans certaines régions ces mêmes chevaux pouvant porter de 80 à 90 kilogrammes. Ces animaux sont rares parce que généralement les poulains n'ont ni assez d'avoine, ni assez d'exercice pour les développer à ce point.

Dans les pages suivantes je vais, de mon mieux, détailler les produits chevalins de chaque province, autant que possible en restant au point de vue de l'amateur isolé, qui chercherait un bon cheval pour chasser dans deux ans, ou ce qui est plus difficile l'année prochaine.

En Normandie

Je crois qu'il est nécessaire, pour bien comprendre ce qu'est l'élevage actuel en Normandie, de savoir ce qu'y étaient anciennement les chevaux servant de base au cheval actuel amélioré.

Il y a, de tout temps, eu en Normandie de nombreux chevaux, dont les meilleurs se sont toujours trouvés dans le Merlerault et dans le Cotentin.

Le sol du Merlerault faisait les chevaux plus petits, mais meilleurs que dans le reste de la Normandie.

Dans le Cotentin, la race, au contraire, gardait plus de gros, était plus lymphatique, mais réputée comme fournissant d'excellents carrossiers.

Dans tous les autres cantons de la Normandie, on trouvait

---

que la reprise des pur-sang qui les vaille comme fond et comme utilité. Quant aux normands, ils « crachent du vitriol au départ », sautent médiocrement, et reviennent en forgeant. Mais, je le répète pour me mettre à l'abri des récriminations, il y a des normands excellents... Qu'ils soient ou non toilettés en irlandais, ils sont rares, trop rares ; M. de Gasté est trop catégorique quand il dit : « Le modèle normand est tellement éloigné de celui du cheval de selle que personne n'aurait l'idée d'aller chercher un hunter en Normandie. »

Niger, demi-sang, trotteur.

Atalanta, anglo-normand, par Alfred de Dreux.

beaucoup de chevaux de différents modèles, jusqu'à des postiers du type percheron léger et lourd.

Voilà donc quelle est la base de l'élément actuel amélioré.

Sous Louis XV, un croisement malheureux fut obtenu avec la race danoise, dont les caractéristiques sont trop connues pour que je les rappelle ici.

Sous Louis XVI, le prince de Lambesc acheta en Angleterre, à l'usage de la Normandie, cinquante étalons de demi-sang anglais.

De 1801 à 1830, on peut relever les noms d'étalons de races différentes qui firent souche dans le pays :

Les orientaux Backa (1801), Arlau, Dagout, Godolphin, Seklavy, Massoud (1815). *Les anglo-arabes* Séduisant, Norwick, Néron, Blanc.

Les pur-sang anglais Eastham (1808), Royal Oak (1820), Napoléon (1824), Sylvio (1826), Emilius, Pick-Pocket (1828), The Juggler. — Mais ce n'est qu'**à partir de 1830** qu'on infusa du sang anglais à jet continu. Si des sujets furent ratés, si les représentants des races de trait au pas ou au trot lent diminuèrent en Normandie, si la période de tâtonnement donna lieu à bien des fautes assurément et bruyamment critiquée, du moins c'est à cette nouvelle orientation que nous devons non seulement nos races actuelles de trot, mais encore leur qualité.

Dès 1820, *Eastham, pur-sang anglais,* fut employé comme reproducteur. On peut citer parmi ses descendants *Chasseur* et *Emule*. *Napoléon,* pur-sang que j'ai cité plus haut, fut un des meilleurs étalons et celui qui certainement donna le plus de noblesse à ses produits. Il fut le père de *Friedland,* de *Marengo* et du célèbre *Eylau*. Ce dernier a laissé une lignée remarquable, *Herchell, Lucain, Volontaire* et *Noteur,* une des gloires de l'élevage normand.

Sylvio, pur-sang, né en 1826, eut comme descendance *Don Quichotte, Ramsay, Faliéro, Prince, Taconet, Élie,* etc.

Royal Oak, pur-sang, né en 1823, a également fait d'excellents reproducteurs.

Tipple Cider, pur-sang, né en 1833, et *Royal quand même,* né en 1850, ont laissé une bonne postérité.

Mais *The Heir of Linne*, pur-sang, né en 1853, par *Galaor* et *Mistress Walker*, peut être considéré comme un des plus importants chefs de famille. « C'était un étalon de pur sang hors pair dont l'action directe a eu une influence si bienfaisante sur la pléiade de nos trotteurs ; il a été brillamment représenté par les *Orphée, Pactole, Phaéton, J'y songerai* et *Modestie*, la mère de *Tigris* (*Galba* et *Flibustier*, ses petits-fils).

« *Phaéton*, le plus glorieux rameau de cette illustre souche, s'est affirmé comme un des plus remarquables reproducteurs qui aient jamais existé » (P. Guillerot). Une de ses filles fut *Dulcinée*, la mère de la célèbre *Messagère* ; viennent ensuite comme bons étalons de pur sang qui aient fait des trotteurs :

Affidavit, pur-sang, père de *Qui vive* (1872) ;
Bagdad, pur-sang, père d'*Hippomène*.

Le norfolk Young Rattler, né en 1811 de *Old Rattler* et d'une fille de *Snap*, était arrière-petit-fils de *Darley Arabian*.

Il avait, paraît-il, la conformation des étalons anglais que le prince de Lambesc fit venir d'Angleterre.

« Il est, écrit M. P. Guillerot, le grand ancêtre de notre race trotteuse actuelle. Ce merveilleux étalon eut une action aussi influente que décisive sur la production normande. Il fit la monte en Normandie de 1820 à 1834, et sa descendance fut si nombreuse que son nom se retrouve presque toujours dans les généalogies des étalons de tête. Son petit-fils *Voltaire* procréa *Kapirat*, étalon exceptionnel, dont les fils *Conquérant* et *Kapirat II* ont fait la fortune de la Normandie et de la Vendée ».

Un petit-fils de *Rattler*, *Normand* (1869), peut aussi être considéré comme un chef de famille. Il est père du célèbre *Cherbourg*.

Un autre norfolk, *The Norfolk Phoenoménon* (1845), a également très bien racé en France. Sa descendance directe est *Y* (1858), *Ipsilanti* (1864) et *Niger*. Son plus célèbre petit-fils *Lavater* est lui-même un reproducteur de tête dont les produits sont aussi célèbres que nombreux (nous parlons trotteur).

Quelques courants de sang étranger, *américain* et *russe*,

ont été infusés sans beaucoup de succès. Des juments américaines ont cependant donné de bons produits. *Fuschia* a une trace du sang de *Lady Pierce*, jument américaine.

Les chevaux russes ont tous mal produit en France.

« Il résulte, écrit M. P. Guillerot, de l'examen de la généalogie de nos meilleurs produits de demi-sang que dans leur lignée paternelle on trouve :

1° **Trumpator**, représenté par un seul descendant direct : *Bagdad*, père d'Hippomène ;

2° **Éclipse**, à la descendance beaucoup plus nombreuse qui compte parmi ses représentants : *Royal quand même*, *Tarrare*, *Électrique*, *Pédagogue*, *The Heir of Linne*, *Tonnerre des Indes*, *Tipple Cider*, *Brocardo*, *Charlatan*, etc. ;

3° **Hérold**, au noble sang, arrive en bonne place avec *The Juggler*, *Fitz Pantaloon*, *Marcellus*, *Invincible*, *Dollar*, *Napoléon*, *Eylau*, *Ion*, *Gladiator*, *Tamberlick*, *Affidavit*, *Vermouth*, *Sylvio*, *Eastham*, *Basly*, etc.

On sait que *Trumpator*, *Éclipse* et *Hérold* sont respectivement petits-fils de « Godolphin Arabian » (noir, 1782), de « Darley Arabian » (alezan, 1764) et de « Byerly Turk » (bai, 1758).

Au début l'étalon trotteur n'était considéré que comme reproducteur de chevaux de course au trot... Les sujets se multiplièrent et montrèrent de bonnes aptitudes de travail et de service. On se servit alors des étalons et des juments trotteurs pour faire des chevaux à tous usages, et bien que nantis de la si superbe origine que je viens d'esquisser à grands traits, la sélection, établie d'après le record de vitesse, fit ces chevaux ce que nous voyons maintenant et ce dont tous les cavaliers se plaignent.

La race est fixée sur son sol du moins, et je crois même que si le modèle de la masse des chevaux devait changer, il changerait plutôt en mal (je parle toujours cheval de selle), car les défauts de conformation observés depuis longtemps ressortent davantage à chaque génération. Il y a loin du trotteur actuel aux nobles fils « d'Eylau », par exemple !

Tous les éleveurs du trotteur sont du même avis : l'un des

plus éclairés M. P. Guillerot écrit : « Cette nouvelle famille (les trotteurs), par la spécialité et la fixité de ses caractères, est assez bien confirmée pour se reproduire par elle-même, sans avoir recours à une nouvelle infusion de sang pur. Pour « fabriquer » des *Juvigny*, des *Qui vive*, des *Lance à mort*, des *Michigan*, des *Narquois*, etc., il faut choisir une jument bien confirmée dans le sang trotteur et la livrer à un étalon de la même race, également confirmée.

Accumuler des générations de trotteurs, prendre des éléments qui ont la spécialité recherchée, est la voie la plus certaine. Les chances de « variabilité » seront considérablement diminuées en utilisant pour la reproduction des « multiplicateurs » ayant affirmé, par des courses, l'hérédité des aptitudes « dominatrices » de leurs ancêtres.

Il m'a paru intéressant de citer, sur la façon dont se comportent les étalons normands à l'étranger, l'avis du comte Wrangel. Je l'extrais de son livre *Das buch von Pferde*, qui n'a pas encore été traduit :

Il raconte avoir visité les élevages de MM. Bastard, Bridu, Delaville, du Rogier, Forcinal, Gost, Ledars, Lemonnier, Marion, Pierre, Revel B., etc., et beaucoup d'autres qui occupent le premier rang, et il constate que même chez eux on « s'aperçoit facilement du revers de la médaille »..., « car même chez les représentants de l'élevage normand connus au delà des frontières de leur patrie, l'observateur attentif et expérimenté fera, à son grand désappointement, maintes remarques sur le penchant de la race au lymphatisme. »

Le comte Wrangel a constaté aussi que l'anglo-normand trotteur moderne n'emporte pas avec lui ses aptitudes à l'hérédité, lorsqu'il est exporté de son milieu original.

« Je citerai un exemple concernant cette impuissance observée chez le normand, de conserver et transmettre le type de la race propre, en dehors de son milieu original. Les vingt juments, franchement magnifiques, qui en 1866 et 1867 furent importées à Graditz dépérirent grâce au climat et au terrain de Graditz « comme du beurre au soleil », suivant l'expression du comte Lehndorff. — Graditz ne possède aujourd'hui que deux sujets de la descendance de ces juments. Tout le reste a dépéri ou est complètement défiguré. Il en advint de même quand on transporta six juments anglo-normandes que M. de Simpson-Georgenburg amena en Prusse orientale. Malgré que ces bêtes fussent en état de répondre à tout ce qu'on exige d'une poulinière, il ne se trouve plus aujourd'hui au haras de Georgenburg une seule jument descendant d'une de ces poulinières.

— « On sait également combien peu ont répondu à l'attente, les trois étalons anglo-normands importés à Trakehnen : *Gusman*, *Goutte d'or* et *Gloire*.

« — Bien que moi-même, en mission officielle je n'aie pas acheté pour la Suède, moins de six étalons et six juments de cette race, je suis très enclin à donner raison à ceux qui prétendent qu'on a prisé trop haut la valeur des normands. La Suède, à ce point de vue, a fait une expérience conforme à celles de l'Allemagne et de l'Autriche.

Ce qui disparaît d'abord chez l'anglo-normand transporté sous d'autres cieux, c'est la distinction fameuse et l'action admirable qui leur prêtaient, chez eux, une si séduisante grâce. Toutefois cela ne les empêche pas de produire çà et là des chevaux utiles et de belle prestance (somptueux, d'apparat), mais, d'ordinaire (à la troisième ou quatrième génération, pierre de touche de tout croisement) les sujets ont fort triste mine. Ce qu'ils transmettent le plus souvent, c'est la taille et la constitution lymphatique : ce sont des chevaux grands et mous! J'avoue que je ne songe pas sans frémir à de pareils carcans....: Aussi les beaux jours où M. Delaville « pouvait coller » aux Autrichiens des convois entiers d'étalons de trois à quatre ans, de valeur très problématique, paraissent ne devoir jamais revenir.

Le *pur-sang ne doit pas*, d'après mon opinion, être rendu *responsable de cet état de choses*, car d'un côté les étalons de pur sang sont de moins en moins employés, et d'un autre côté ce n'est pas l'excès, mais le manque de sang qu'on reproche à l'anglo-normand de nos jours. Aussi me suis-je pour ce motif toujours efforcé, dans mes achats, d'acheter des étalons qui fussent le plus possible près du sang. Les exemplaires moins racés se changent en « chameaux » qui perdent la force et la vie avant que l'année soit terminée.

« Malgré tout cela, conclut le comte Wrangel, on ne contestera pas que l'anglo-normand *réussi* ne soit un cheval très séduisant. Voilà pourquoi il est donc d'autant plus nécessaire, en considérant ses bons côtés, de ne pas oublier le revers de la médaille. »

Il faut nous résigner à voir, en même temps que le record du trot deviendra plus étonnant, diminuer le degré de sang du cheval en Normandie et son aptitude au galop, car tous les chevaux y sont excellents, trotteurs ou trotteurs manqués. A cette époque plus rapprochée qu'on ne croit, il sera tout à fait inutile d'y aller chercher *un cheval de selle*. Le même avenir est réservé aux Charentes, à la Vendée, à la Nièvre et à la Bretagne.

Tels qu'ils sont à l'heure actuelle, beaucoup de trotteurs sont encore très près du sang.

Harley et *James Watt* sont les deux étalons de tête des haras et les plus arrosés de pur sang.

Harley a donné de remarquables preuves d'endurance, puisqu'il a affronté pendant trois années les sévères luttes de l'hippodrome, et qu'il a parcouru sur la piste accidentée du Pin, en épreuves publiques, le kilomètre en 1'35", sans le moindre préjudice pour les tendons et les jarrets. Comme origine, il est du meilleur sang qu'on puisse trouver. Fils de *Phaéton*, c'est un descendant direct du pur-sang *The Heir of Linne* et, dans son pedigree, on compte onze ascendants de pur sang, et dix-sept de demi-sang.

James Watt également fils de Phaéton est plus rapproché du sang; dix-neuf chevaux de pur sang ont contribué à sa procréation. Malgré cette copieuse infusion de sang pur, il a été moins remarquable en courses et sa meilleure vitesse est de 1'40" le kilomètre. Les dures épreuves qu'il a disputées aux champions de sa génération ont laissé des traces sur ses jarrets.

Je citerai, à titre de document et pour l'instruction de beaucoup de mes lecteurs, les pedigree de « Phaéton » et de « Corlay » (1).

Ils pourront de cette façon se rendre compte du fort degré de sang que cache trop souvent l'enveloppe anti-sportive du trotteur.

(Les noms en italique sont ceux de pur-sang.)

PHAÉTON
- The *Heir of Linne*
  - *Galaor*
    - *Muley-Moloch*
      - *Muley.*
      - *Nancy.*
    - *Darioletta*
      - *Amadis.*
      - *Selima.*
  - *Mrs Walker*
    - *Jereed*
      - *Sultan.*
      - *My-Lady.*
    - *Zinganée Mare*
      - *Priam* ou *Zinganée.*
      - *Orville Mare.*
- La Crocus demi-sœur de Conquérant
  - Crocus, anglais.
  - Élisa
    - *Corsair*
      - *Knox's-Corsair.*
      - N. par *Cleveland.*
    - Élise
      - *Marcellus.*
      - La Panachée, p. *D. I. O.*

CORLAY
- Flyng-Cloud. Norfolk, né en Angleterre.
- Thérésine
  - Festival
    - Nuncio
      - *Plenipotentiary.*
      - *Ally*, par *Partisan.*
    - Bienséance
      - *Friedland.*
      - *Miss-Ann*, par *Figaro.*
  - N.
    - Craven
      - *Girofle.*
      - *Mab*, par *Ducan-Grey.*
    - N.
      - *Lally.*

(1) D'après l'*Élevage du trotteur en France*, de M. P. Guillerot.

Tigris, demi-sang, trotteur.

Ossian, demi-sang normand.

Tous les chevaux sont à vendre en Normandie, il ne s'agit que d'en donner un bon prix. Pour peu qu'on réside quelques semaines dans le pays, on finit par connaître les défauts et les qualités de tel cheval qu'on a remarqué et qui plaît. Seul, son propriétaire ne doit pas être au courant de vos intentions, car il vous tiendrait la dragée haute. Puis allez chez lui avec ou sans vétérinaire, selon vos connaissances; montez le cheval; faites votre prix. Le bon Normand en fera un autre ; vous finirez toujours par « couper la poire en deux ». Le cheval sera à vous, si vous l'emportez d'assaut. Surtout ne remettez pas la conclusion du marché au lendemain; l'affaire serait manquée, votre vendeur vous déclarera infailliblement que sa femme refuse de le vendre, mais que, pourtant, « pour ne pas vous désobliger, avec 500 francs de plus... » Donc le marché conclu, payez et emmenez plutôt votre cheval attaché par une corde au dossier de votre cabriolet.

Le beau cheval normand fait en cheval de selle est rare et très cher. Les courses au trot ont trop sensiblement transformé le modèle dans le sens de l'aptitude au trot : « Beaucoup de bons trotteurs, écrit en 1897 un vétérinaire dans une étude sur le cheval normand, ont le garrot bas, le rein long, le dos mou, ce qui constitue une défectuosité pour la selle. Mais les haras achètent les étalons qui plaisent aux éleveurs ». Or comme les éleveurs n'élèvent pas pour l'amour de l'art, et veulent gagner de l'argent, ce sont les étalons trotteurs modèle carrossier dont ils se servent afin d'obtenir des produits vendables (1).

On est généralement trop porté à croire que les éleveurs travaillent par amour du cheval, pour la gloire..... Là où le cheval ne rapporte plus, ils en abandonnent l'élevage, pour, comme sur le plateau central, se livrer de préférence à celui des

---

(1) Pour trouver quelques modèles comme *La Force* (par Cherbourg et Dwina), *Harley* du dépôt de Saint-Lô, et *James Watt*, combien de vilains chevaux ne devons-nous pas contempler. Que penser au point de vue selle du modèle d'*Élan*, *Tigris*, etc., normands, *Ambition-Bai*, norfolk, *Bosque Bonita* et *Mollie Wylkie*, américains. Si encore ils étaient régulièrement conformés, comme *Niger*, tout commun qu'il est, ou *Képi* : Aussitôt qu'en Normandie, les éleveurs veulent bien ne pas faire du trotteur proprement dit, on peut admirer des types de selle des mieux réussis, tels que *Narrateur* (École de Saumur), né en 1891, par Fred-Archer, demi-sang, et Golconde, pur-sang ; ou encore *Ossian* par Fataliste, pur-sang, et une fille d'Étendard, demi-sang.

bestiaux. Là où ils vendent un mauvais cheval très cher, tous leurs efforts se porteront sur sa production : l'offre obéit toujours à la demande en matière commerciale.

Le type du bel *anglo-normand* idéalisé par Alfred de Dreux tend de plus en plus à disparaître ; on en découvre çà et là et il en existe certainement, car j'en ai vu. Le vicomte H. de Chezelles se remonte depuis quelques années en chevaux normands : ils sont fort beaux ; mais il n'est pas donné à tout le monde de posséder une carte hippique de la Normandie aussi à jour que celle du vicomte de Chezelles ; ni surtout de savoir comme lui transformer peu à peu un cheval de trois ans et demi ou quatre ans en un excellent cheval de chasse ou de service.

Il est donc très difficile de se remonter de cette façon. Un moyen terme, si l'on veut se contenter d'un modèle passable, est de s'adresser aux marchands du pays.

Quelques marchands normands vendent à la remonte ; on peut donc en payant un peu plus cher que cette dernière écrémer un lot. Mais en général, sauf pour la forte somme, les marchands ne tiennent pas à lâcher les chevaux très bons qui feront passer le reste du lot, bon ou médiocre.

Je ne fixe pas le prix d'un tel cheval qu'on peut par grand hasard rencontrer âgé de cinq ou six ans.

Il doit, selon le temps dont vous disposez pour vos recherches, selon votre habileté, et surtout selon l'habitude que vous aurez du marchandage et du maquignonnage normand, varier de 1,500 à 2,500 francs pour un cheval bien conformé et 1^m60 environ de taille.

Les écoles de dressage vendent plus cher : les chevaux sont mieux pansés, mieux présentés, ils ont tous des origines, de l'action et y sont préparés en vue des concours et de la vente consécutive. On ne s'y occupe guère que de les dresser à l'attelage, les chevaux de selle n'étant pas demandés ; cependant il n'est pas rare de trouver dans le lot un cheval ayant de l'espèce, la conformation et les aptitudes du cheval de selle. L'école de *dressage de Caen* s'est acquis une réputation tout à fait justifiée. L'*école de Séez* est également un établissement bien dirigé. C'est pendant la période préparatoire des concours qu'il est intéressant de visiter ces établissements. On peut s'y faire une idée de ce qu'est l'élevage d'un pays et apprendre beaucoup à tous les points de vue.

Dans *les foires* normandes, on peut quelquefois rencontrer un bon cheval de chasse ou d'armes... mais il faut être soi-même un maquignon pour acheter à un maquignon qui sera presque toujours plus malin que vous. Mais n'espérez pas y rencontrer le dessus du panier de l'élevage. Tout ce qui a de l'origine est acheté chez les « naisseurs » ou chez les éleveurs pendant toute l'année.

Dans les *concours et comices*, on peut admirer le meilleur de l'élevage... Là se donnent rendez-vous tous les gros marchands ou leurs courtiers, je ne dis pas de France, mais de l'Europe et de l'Amérique. Beaucoup de chevaux sont retenus à l'avance.

Les courtiers en chevaux ont parcouru tout le pays et fait marché avec les éleveurs pour la date du concours. Les marchands de Paris se disputent avec les Allemands pour l'achat d'un carrossier qui servira de hack à un banquier, ou de cheval de parade à un gros bonnet. Dans l'un et l'autre cas, le cheval sera revendu comme irlandais, et qui a jamais vu un irlandais lever les pattes aussi haut devant et les traîner aussi loin derrière?

Dans une ville de l'Orne, un jour de concours, j'ai vu, attelé à un cabriolet et conduit par le célèbre Chaffin de l'école de dressage de Sées, un énorme alezan avec une caisse à boyaux plus grande que la cage thoracique et dont le poids faisait plier le dos (il sentait son trotteur à cinq cents mètres), entrer dans l'enceinte battant l'air devant, désuni derrière : « Combien? » crie un juif allemand? — « Six mille, répond Chaffin! » — « Conclu, répond l'autre, dételez! »

Représentez-vous ce qu'a dû être vendu le cheval, qui en plus du prix réel d'achat devait encore payer le voyage et les frais du courtier, son transport, le gain du marchand, etc. Et comme valeur utile, sauf pour tirer un camion, ce cheval ne valait pas 1,500 francs! Ils sont, hélas! nombreux en Normandie de tels chevaux. J'y ai fait le « classement des chevaux ». Les poulinières et les étalons n'étaient pas présentés, bien entendu.

Mais j'ai vu le fond de la population chevaline de cette région : c'est médiocre *au point de vue selle* et cela pourrait être si bien !

Je fais exception naturellement pour les produits de certains élevages dont les propriétaires hommes de cheval de père en fils, dévoués à l'industrie chevaline dans ce que ce métier a de plus noble, subissent à contre-cœur les « ordres de la demande »..... Ils ont l'air d'élever le beau cheval en cachette; mais ils en élèvent tout de même. Ça passe dans le pays pour une originalité.

Mais ce qu'on ne peut retirer aux populations normandes, c'est qu'elles *aiment le cheval* avec passion, l'élèvent bien, le soignent encore mieux..... et qu'elles en tirent le plus d'argent possible !

Hélas, partout, en Normandie, où vous espérez trouver le cheval de selle vous vous heurtez au trotteur.

Mais ils ne trotte même pas agréablement ce trotteur ! On a dit que le trotteur actuel trotte régulièrement et avec une allure juste. Non, il trotte, s'il est vite, si peu régulièrement qu'il est le créateur d'une allure hybride, parfaitement étudiée grâce à la chronophotographie et qu'on nomme le *flying trot*.

Le flying trot, d'après Barroil et les auteurs qui se sont occupés de locomotion, est un trot en quatre temps, allure à laquelle les deux pieds d'un diagonal, au lieu de tomber à l'appui simultanément, touchent le sol l'un après l'autre, le postérieur avant l'antérieur.

Ce dernier à la fin de son appui supporte toute la masse et se fatigue rapidement. Pour remédier à cet inconvénient et rejeter un peu de poids sur l'arrière-main, on enrêne les trotteurs avec l'enrênement américain.

On sait que le trot ordinaire est en deux temps, exécutés par diagonaux. On peut facilement entendre les quatre battues dont deux très rapprochées du trot traquenardé qu'est en somme le flying trot.

Quant au galop des trotteurs, il est *généralement* mauvais.

Le poulain le mieux conformé est complètement brisé, détraqué par un entraînement qui devient de plus en plus intensif. Et si le modèle de ses produits n'est pas à la longue déformé — ce sur quoi il vient d'être discuté dans de nombreuses brochures — les allures le sont certainement dans l'individu ; il viendra un temps où cette irrégularité descendra dans la race.

Je le répète encore une fois, les admirateurs du trotteur avec tous ses défauts — la théorie du bloc ! — ne montent pas dessus, ni sur un autre cheval, du reste.

Ils accusent cependant leurs adversaires d'incompétence assez facilement.

Mais *les gens qui montent à cheval* acceptent certainement le trotteur fait en cheval et non en machine à courir, car tel il est à l'exercice tel il restera.

Le pur-sang, machine à courir au galop, reste toujours un cheval de selle, une fois sorti de la piste, du moins à l'usage de ceux qui montent à cheval.

Mais ce n'est pas le trotteur qu'on condamne, c'est la façon dont on le fait courir. Bien au contraire, l'élevage a besoin du trotteur comme il a également besoin de bons pur-sang et de bonnes poulinières. Les éleveurs sérieux sont du reste de notre avis sur la mauvaise direction des courses au trot.

« Une sélection rationnelle des étalons s'impose ; les victoires sur le turf ne sont pas des arguments suffisants pour considérer un étalon comme reproducteur de tête. L'origine, la beauté des formes et la netteté des membres sont des qualités trop essentielles pour que les éleveurs s'en désintéressent, et ils n'accepteront jamais un étalon qu'après un examen sévère et approfondi.

Quelles que soient la vaillance et la vitesse de certains sujets à tournure équivoque, il est nécessaire de les détourner impitoyablement de la reproduction. » (P. Guillerot, *l'Élevage du trotteur en France.*)

Si beaucoup de trotteurs galopent mal, j'en connais beaucoup qui ont des aptitudes extraordinaires au saut à cause de la puissance de leur arrière-main. J'en ai cité déjà quelques-uns dans le cours de cette étude. Je parlerai ici d'*Arago* ex-*Kioto*, fils de *Tigris* et d'une jument de pur sang ; d'un modèle très peu séduisant avec un boulet fracassé, il fut vendu aux remontes pour 1.100 ou 1.200 francs; mis en obstacles de concours hippique, il a gagné le Grand Prix de Paris au concours hippique et l'Omnium, au concours de Lyon. Il galopait assez bien pour gagner six steeples militaires, grâce au sang de sa mère.

Tigris, son père, possède aussi un bon courant de sang pur, par sa mère *Modestie* (fille de *The Heir of Linne*), mais comme modèle, c'est la négation du cheval de selle.

Ce n'est pas du reste la première fois que je constate l'influence excellente de *la mère*, au point de vue cheval de selle. C'est-à-dire qu'une jument de pur sang réussira mieux avec un trotteur, qu'un étalon de pur sang avec une jument d'origine trotteuse.

Bien qu'on ait dépensé des millions pour faire un très petit nombre de trotteurs bien conformés et que très peu de fils d'éleveurs soient capables de monter le poulain que leur père a élevé, bien que la grande majorité des trotteurs soit composée d'étalons déplorables au point de vue remontes, il ne faut peut-être pas en dire trop de mal juste au moment où les partisans du demi-sang galopeur espèrent voir donner plus de sang à la race trotteuse pour lui faire des poumons susceptibles de supporter le train. Cependant cette nouvelle infusion de sang pur ne paraît pas utile à beaucoup d'éleveurs normands. Voici ce que m'écrit un des plus sérieux d'entre eux : « Les éleveurs ayant maintenant à leur disposition des étalons trotteurs donnant à *coup sûr* de la vitesse à leurs produits, il n'y a pas tendance à l'heure actuelle à se servir directement du pur-sang dans le but d'améliorer le souffle. Je crois donc que les errements actuels dureront encore quelque temps, car un grand nombre de poulinières ont assez de sang. Depuis vingt-cinq ans l'élevage a pu se servir de cinquante chevaux trotteurs ayant du pur sang à la deuxième génération, du fameux *The Heir of Linne* et de plusieurs fils de ce pur-sang. Ce cheval peut être regardé comme chef de famille. *Affidavit* et *Bagdad* ont aussi produit des trotteurs. »

Les fabricants de trotteurs craignent avec raison qu'une nouvelle infusion de sang pur n'enlève aux produits immédiats l'aptitude au trot, ce qui, du reste, a déjà été démontré par l'expérience.

Cherbourg, demi-sang, trotteur.

Hoc, demi-sang normand.

Les haras ont acheté cette année (1897) à Caen cent soixante-dix poulains dont une trentaine qualifiés trotteurs, choisis sur cinquante-deux qualifiés. Il y avait, d'après mes renseignements puisés à bonne source, quelques bons modèles d'étalons de croisement pour la selle.

Mais, même en supposant que les trotteurs fussent aussi communs que le fameux *Fuchsia* qui a incontestablement de grandes aptitudes pour produire des trotteurs, on pourrait tout de même s'en servir pour faire des chevaux de selle. Voici ce que m'écrivait sur ce sujet le vicomte H. de Chezelles : « Donnez à un bon trotteur des juments très distinguées ou même de pur sang, vous verrez les produits qu'ils vous donnera, beaux et avec beaucoup de distinction. On veut *tout* faire chez nous par l'étalon, parce qu'il ne nous a coûté rien, acheté qu'il est par l'État ; mais comme nous achetons ou ne vendons pas la poulinière pour en toucher un bon prix, cela nous ennuie et nous crions après l'étalon. C'est l'histoire de ceux qui n'ont pas une fleur dans leur jardin et qui trouvent que ceux entretenus par la ville de Paris le sont mal..... tout le monde est fautif chez nous et tout le monde se rejette la balle. L'armée accuse les haras. Ceux-ci accusent l'armée. L'éleveur vous dit : Que voulez-vous faire avec les étalons de l'administration ? Moi je dis aux éleveurs : A plus forte raison, que voulez-vous que les étalons de l'État produisent avec vos juments qui leur sont d'une infériorité désastreuse, car nos étalons sont en grande partie splendides. »

Dans certaines régions cependant, il ne faut pas remonter bien loin dans l'origine des poulinières pour trouver le pur sang dans leur ascendance. De plus elles sont entretenues dans des herbages de qualité supérieure dont la bienfaisante influence se reporte sur leurs produits. On peut se convaincre de la qualité de ces juments en assistant aux concours de poulinières des « trois départements ». Mais c'est le « gratin », le dessus du panier. Ce sont ces poulinières-là qui font les chevaux hors de prix, achetés trop souvent d'après leur origine, car les poulains se payent d'après les records du père..... Mais le fond, la jument plébéienne qui fait le cheval de remonte, donne malheureusement raison au vicomte de Chezelles.

On prétend, et c'est un fervent du trotteur qui me l'écrit, que si la plupart des mâles étaient castrés jeunes, au lieu d'être gardés entiers, comme c'est l'usage, en vue d'en faire des étalons, que si les pouliches n'étaient pas laissées trop longtemps en prairie, pour devenir à leur tour poulinières, on trouverait plus facilement des sujets ayant le modèle de selle, car, excepté les poulains mis à l'entraînement du trot, les autres ne travaillent que légèrement à la charrue, quelle que soit leur valeur, vers l'âge de deux ans, et tous ou à peu près sont entiers; cette condition d'entier — chacun sait ça — gardée trop longtemps, fait que l'encolure s'épaissit et que la forme générale se rapproche moins des chevaux en condition de service que nous aimons tous à voir, surtout dans le cheval de selle. Mais cette raison est spécieuse, un véritable connaisseur sait faire la différence entre le cheval entier de selle et le cheval entier de trait.

Le cheval trotteur est, *en général*, tellement peu susceptible de galoper que j'ai vu des écuries d'entraînement de trot se servir comme leader *d'un vieux cheval de pur sang*. Jamais un trotteur n'eût pu faire régulièrement ce métier d'entraîneur de vitesse, au trot, et encore moins au galop, à cause de la faiblesse de ses poumons.

En Normandie, on est obligé de vendre le plus tôt possible étant donnés les frais; il est donc difficile de trouver le cheval d'âge ou même de cinq ans. Tous les animaux d'élite et ceux réputés tels sont vendus dans le courant de leur troisième année ou dès le commencement de la quatrième.

On accuse les haras et les remontes d'obliger le commerce à acheter à ces âges, puisque ces administrations achètent elles-mêmes à trois ans. Quoi qu'il en soit, le résultat est là : pas de chevaux d'âge pour l'acheteur isolé; sauf le cheval d'occasion, comme je le disais plus haut.

Les haras achètent les chevaux ayant une action haute et rapide et « autant que possible » régulière.

Quant aux remontes, elles ramassent les juments non destinées à la reproduction et ce ne sont pas les meilleures. Elles ont aussi les poulains castrés, dont la plupart l'ont été parce que leurs propriétaires les jugeaient mauvais pour la repro-

GÉOMANCIE, demi-sang normand.

KOENIG, demi-sang normand.

duction..... Il y en a quelques-uns de bons dans le lot, mais pas autant que ces excellents Normands — auxquels la question est bien indifférente, du reste, — voudraient nous le faire croire. Le « c'est bien assez bon pour le soldat » est malheureusement dans la bouche de presque tous les fournisseurs de l'armée.

Les marchands en Normandie sont, en somme, les plus grands acquéreurs de poulains et nécessairement les vendent le plus tôt possible. Ils tiennent surtout le cheval d'attelage, car le plus grand nombre d'acheteurs réclament des chevaux d'attelage.

En somme, dans les pays d'élevage de la région du Nord-Ouest, quand on veut trouver un beau et bon cheval de selle, il faut en voir beaucoup pour en acheter un qui sorte véritablement de l'ordinaire.

En Normandie, il y a sept ou huit espèces différentes que produit le sol par ses différentes qualités, ce qui fait qu'on ne peut dire *a priori* qu'un normand soit un bon ou un mauvais cheval. Si vous posiez cette question au vicomte de Chezelles, il vous répondrait : « De quel normand voulez-vous parler ? », et avec raison.

La *plaine de Caen* ne fait pas naître, elle achète le poulain de tous les pays, et chose curieuse qui prouve à quel point le sol fait le cheval, c'est que les poulains provenant indifféremment de Normandie, d'Anjou, de Vendée, des Charentes. etc., prennent tous, au bout d'une année d'élevage au même endroit, le même type et se ressemblent tous. Ces « déracinés », qui entrent dans une trop forte proportion dans la remonte de notre cavalerie, sont pour beaucoup de connaisseurs les moins bons.

On peut quelquefois trouver un bon cheval chez les marchands de Caen, mais c'est rare.

On trouvera à Caen de superbes étalons trotteurs... Mais pas de chevaux de service.

En montant au-dessus de Caen dans *le Bessin*, les chevaux prennent un peu plus de qualité ; mais les éleveurs n'ont pas de poulinières et ne font que de commencer l'élevage.

A *Isigny*, la production commence à devenir meilleure, surtout sur les hauteurs, du côté de Sainte-Mère-Église, Sainte-Marie-du-Mont, Saint-Jean-du-Mont. On y trouve la belle grande jument noble avec la peau fine, le membre sec, des os, du sang, en un mot la superbe jument de pur sang, toute demi-sang qu'elle soit.

Dans les marais de Carentan, le cheval a assez de lignes et de port de queue, mais il a les os poreux et se forme tard.

Puis vient le *Val de Serre* qui tient la droite de la ligne du chemin de fer de Carentan à Cherbourg : on y fait de belles juments de harnais, en général distinguées, mais qu'on pourrait cependant appeler des « vaches énergiques ».

Sur la gauche de cette ligne de Carentan à Cherbourg s'étend tout le pays *de Carteret*, Saint-Sauveur-le-Vicomte, Portbail. On n'y fait que le petit cheval ayant peu de qualité.

La Hague donne le cheval distingué, résistant, ayant de la taille et du sang, tout en produisant encore le petit haguais adroit, résistant et actif.

Dans *le Merlerault* les chevaux ont beaucoup d'espèce ; quelques célèbres élevages de pur-sang (Bois-Roussel, Lonray, etc.) ont répandu de beau sang dans le pays. On peut y rencontrer le cheval de selle distingué, près du sang, utile, bien qu'il ait quelquefois les membres grêles.

Les herbagers qui les élèvent font aussi beaucoup de trotteurs, mais on peut, je le répète, rencontrer soit chez eux, soit aux écoles de dressage de Sées et Mamers, de bons types de hunters, et il n'est pas rare de remarquer aux carrioles des paysans quelques beaux chevaux auxquels on enlèverait volontiers le collier du cou pour leur mettre une selle sur le dos.

Les chevaux *du Merlerault* sont les plus anciennement racés. Ils ont plus d'apparence de sang que les autres chevaux normands.

J'ai vu dans la jumenterie de M. Lallouet de bien belles juments. Les *Finlande*, *Gérance* sont superbes. Il y a quatre ou cinq ans j'ai beaucoup admiré la jument *la Force* qui, dans ce temps-là, était bien le modèle rêvé de demi-sang galopeur pour très gros poids, toute trotteuse qu'elle fût.

Le sol du Merlerault pousse à l'énergie, et si on voulait élever des demi-sangs galopeurs en Normandie, ce sont les prairies du Merlerault qu'il faudrait choisir comme lieu de production.

CHAPITRE VI

Au pays d'élevage. — En Vendée. — En Charentes

1° En Vendée. — La Société hippique de l'Ouest. — Bon modèle du carrossier vendéen. — Étalons de demi-sang. — De pur-sang. — Centres hippiques. — Les meilleurs chevaux dans le Marais ouest. — Quirita. — École de dressage. — Importations venant du Limousin. — Progrès réalisés par les éleveurs des anglo-vendéens. — La supériorité des anglo-vendéens sur les normands.
2° En Charentes. — Origine et étendue des pâturages. — Bons chevaux de remonte. — Bons modèles de hunters, mais majorité de carrossiers. — Haras de Saintes. — Rareté du cheval d'âge. — Progrès de l'élevage du cheval propre à la selle. — Importation de chevaux venant du Midi. — Les bons modèles de ces derniers chevaux achetés par le dépôt de remonte de Saint-Jean-d'Angely.

1° En Vendée

« Là-bas vers l'Ouest, sur les rivages de l'Océan, de riches et vastes contrées élèvent une race de chevaux des plus précieuse par ses qualités comme par son importance. On trouve dans le modèle de ces animaux un rapprochement très accentué avec le modèle de hunter; et malgré une infusion continuelle de sang normand, les chevaux de ce pays ont maintenu sous l'influence des conditions climatériques et géologiques du sol, leurs formes anguleuses qui les rapprochent du type irlandais. Nous avons nommé les deux circonscriptions des dépôts d'étalons de la Roche-sur-Yon (Vendée, Loire-Inférieure, Deux-Sèvres) et de Saintes (Charente-Inférieure, Charente, Vienne).

« Dans ces régions fonctionne la *Société hippique de l'Ouest*. C'est à elle qu'on doit les progrès réalisés dans le sens du cheval de guerre, genre hunter. »

On trouve donc de très bons chevaux en Vendée. Ils joignent l'élégance à l'étoffe et indistinctement beaucoup d'entre eux peuvent être utilisés à la selle comme au harnais. Ce sont des chevaux qui ont de la race, une bonne conformation, une tête large, des yeux grands et saillants, une belle encolure, une bonne direction d'épaule, une charpente bien osseuse, une poitrine profonde, de beaux membres plats et larges. Ils ont, de plus, une parfaite ligne de dos et de bonnes hanches larges. Je fais là le portrait des bons chevaux et non pas de la majorité des vendéens.

Tout le monde a pu en voir de bons spécimens à l'École de cavalerie, provenant du dépôt de remonte de Fontenay-le-Comte.

Le cheval vendéen, dont la taille varie de 1^{m}58 à 1^{m}66, a les tendons plus forts et plus dégagés que le cheval normand, ses boulets et ses paturons sont plus larges et indiquent plus de résistance.

En Vendée, les genoux creux sont très rares et les pieds plats à peu près introuvables.

Par contre, ce qu'on rencontre, malheureusement, assez souvent, ce sont des jarrets trop loin derrière, et des encolures greffées un peu bas.

Comme partout ailleurs, les étalons trotteurs sont très en vogue. On veut de la vitesse et de belles actions pour l'attelage. On les demande aux étalons trotteurs *Marengo*, *Pompignac*, *Jacquet*, *Hérode*, *Prince-Noir*, *Gascon*.

Les étalons de pur sang qui ont le mieux réussi dans la contrée sont *Black-Eyes*, *The Roue*, *Royal-quand-même*, *Le Lion* et *Beaurepaire*.

A ce dernier étalon, on doit plusieurs chevaux d'un bon modèle et d'une remarquable qualité, notamment *Lotus* et *Lavaret*, à M. Guillerot; l'un et l'autre se sont fait remarquer dans les courses au galop de la région; *Lavaret* est d'un superbe modèle.

On peut trouver cependant le hunter ou demi-sang galopeur. Quatre réunions de courses du département donnent des prix réservés au demi-sang. Mais comme ces chevaux n'atteignent pas des prix très rémunérateurs, les éleveurs de la

Quidita, demi-sang vendéen à M. le Président de la République.

Lavaret, demi-sang vendéen.

région trouvent qu'il n'y a pas lieu de faire ce cheval. Ils ont peur qu'en préconisant l'emploi du pur-sang avec des juments déjà avancées dans le sang, on arrive à fabriquer des chevaux trop légers qui ne se vendraient pas.

On fait donc surtout du trotteur carrossier, du cheval de voiture pour concours hippique. Quelques-uns cependant, bien toilettés, pourraient passer pour de beaux irlandais. Ils en ont souvent la qualité pour la selle.

Kapirat II (*Kapirat* et *Perfection*) est l'étalon de demi-sang dont la descendance est la plus appréciée dans la région.

Hérode et *Helvétius*, très carrossiers tous deux, marchent sur les traces de leur devancier.

Les meilleurs chevaux du genre de ceux que nous recherchons se trouvent dans le Marais-Ouest : à Saint-Gervais, au Perrier et à Challans ; dans le Marais-Sud, à Luçon, Nalliers et Angles.

On y trouvera certainement des chevaux meilleurs que *Quirita*, jument offerte à M. le Président de la République par l'élevage vendéen. Cette jument est parfaite pour le harnais, mais ce n'est pas une jument de selle. Elle a une direction de jarrets médiocre, une encolure épaisse, avec une tête manquant totalement d'expression ; beaucoup d'action au trot.

Quirita est par *Cherbourg* et *Dwina* ; il faut remonter assez loin dans son pedigree pour trouver du pur sang. Mais au delà d'un certain degré, il abonde et du meilleur.

L'École de dressage, de fondation déjà ancienne, est confiée à l'habile direction de M. de Moussac. Cet établissement, subventionné par le département, rend de réels services à l'élevage. Son rôle se résume, comme celui des autres écoles de dressage, par le dressage des chevaux en vue des concours et la vente. Elle sert d'intermédiaire entre l'acheteur et le producteur, dont les plus connus sont : M. L. Blay, à Nalliers ; M. F. Gauvrau, à Angles ; M. A. Rousselot, au Perrier ; M. P. Simonneau, à Maillezais ; M. A. Tandil, à la Roche-sur Yon, etc.

Une seule grande foire chevaline existe en Vendée ; c'est la foire de Garnache ; on y trouve des animaux de tous âges, mais surtout des poulains et des pouliches de six mois. Cette foire a lieu le jour de la Saint-Martin. Je doute qu'on y trouve facilement des chevaux du type hunter.

A la Roche-sur-Yon, il y a deux concours de dressage par an, le 15 mai et le 15 décembre; on y trouve des chevaux de selle de trois, quatre et même cinq ans.

L'École de dressage en a presque toujours quelques-uns à vendre; leur prix oscille entre 1,000 et 2,500 francs.

On rencontre souvent en Vendée dans les pâturages des chevaux de modèle méridional. Ces jeunes poulains viennent du Limousin, surtout des environs du Dorat. Ils prennent du gros, changent de conformation en gardant presque toujours l'influx nerveux et quelque chose du type oriental; on les vend ensuite comme vendéens. Ces importations subreptices donneront certainement du fil à retordre aux zootechniciens.

Quoi qu'il en soit, j'ai vu de beaux types de hunter en Vendée. C'est un pays où on monte à cheval et durement.

Les éleveurs de l'anglo-vendéen tendent heureusement vers un type ayant de plus en plus de sang, un type qui s'allège dans ses formes, a de la branche, du squelette, des hanches et répond mieux que le normand au type selle par la relation large entre la ligne sus-scapulo-iliale et la ligne scapulo-costale, et tout ce qui en découle.

2° En Charentes

A lui seul, le département de la Charente-Inférieure possède cent mille hectares de prairies naturelles, situées sur le littoral. Le sol en est calcaire et les fourrages à principes salins.

Ces herbages ont été constitués sur des terrains abandonnés par la mer et desséchés par des canalisations exécutées par les Hollandais sous Henri III et Louis XIII.

Ce sol est excellent pour l'élevage du cheval et lui donne, en plus de la charpente osseuse, un bon tempérament.

Les allures, très belles, en général, proviennent probablement de la liberté complète dans laquelle sont élevés les poulains, qui restent toute l'année sans être rentrés.

Cette contrée produirait assez facilement le modèle du

hunter irlandais; mais ce cheval deviendra de plus en plus rare, car le croisement du trotteur avec les poulinières n'a pas amélioré la conformation des produits. Elle leur a seulement donné la vitesse au trot exigée aujourd'hui par la plupart des acheteurs.

On peut admirer, à l'école de Saumur, un cheval charentais *Jehu*, par *Quibbler*, demi-sang, et une fille de *Tant mieux*, pur-sang.

Il y a à peu près cinquante ans que les fermiers ont commencé à s'occuper sérieusement d'élevage en faisant saillir les juments de trait par des étalons normands appartenant à l'État.

On a continué les croisements avec des étalons de pur sang anglais et arabe, et surtout des demi-sang normands; la race de ces chevaux est devenue semblable à celle de Normandie comme conformation; seulement le sol et le mode d'élevage développent leur système osseux et les rendent bons pour tout service.

En tant que cheval de remonte, le normand des Charentes est meilleur que celui venant directement de Normandie. J'ai remarqué que les charentais étaient plus rustiques. Ils sont, en effet, bien que souvent d'un dressage difficile (je parle du cheval de remonte), prêts de meilleure heure, et leur système respiratoire est généralement excellent; cependant beaucoup trop de chevaux, quoique solidement bâtis, ont l'aspect commun.

Le plus grave défaut de cet élevage est que les éleveurs ne gardent pas leurs plus belles pouliches pour la production. Ils ne résistent pas à vendre des trois ans à la remonte. Ils se privent, par là, d'excellentes reproductrices.

L'avantage est si grand pour ces éleveurs de se débarrasser de bonne heure d'animaux aussi jeunes, payés le même prix qu'à quatre ou cinq ans, qu'ils n'en gardent pas.

Il est donc difficile au commerce de trouver maintenant dans ce pays des chevaux ayant plus de trois ans. Aussi, la vente des chevaux aux marchands et aux propriétaires, de très considérable qu'elle était, est-elle tombée à peu de chose. Que peut-il rester en effet dans une circonsption où la remonte a acheté près de mille chevaux dans un an?

Par ce système d'achat à trois ans, l'armée doit trouver un grand avantage. Elle a tué la concurrence du commerce, mais cet avantage n'est-il pas détruit lui-même par les déboires que lui causent ces poulains, presque sauvages, dans les fermes hippiques ?

« L'achat du cheval à trois ans par les remontes est-il un avantage ? », me demande un homme qui a beaucoup d'expérience de la chose hippique, M. le baron de Cugnac, « avec ce système on a obligé à une grande importation de chevaux en France, puisque officiellement le chiffre des importations de 1891 à 1896 se monte à 136.029 ? » Je pose également cette question sans la résoudre.

Les haras entretiennent au dépôt de Saintes, 14 pur-sang, 4 anglo-arabes, 1 demi-sang du Midi, 47 demi-sang normands et 56 demi-sang normands saintongeois. D'après les renseignements qui me sont fournis en 1897, les demi-sang normands sont du type carrossier et le chiffre annuel des étalons achetés dans le pays est d'environ 40 têtes.

Des concours de dressage très importants ont lieu annuellement à Rochefort, où la célèbre école de dressage, bien connue à l'Hippique de Paris par ses succès, concentre les meilleurs animaux.

Mais là, comme partout ailleurs, le type du cheval d'attelage fait prime.

Il est donc très difficile, et c'est dommage, de se procurer un cheval d'âge dans le pays, où les éleveurs s'empressent de vendre leurs poulains à la remonte à partir du 1er juillet de l'année où ils prennent trois ans.

Les marchands de chevaux de Paris assurent, et je les crois sans peine, qu'ils perdraient leur temps et leur argent à chercher des chevaux de selle en France ayant de l'âge, mais qu'ils en trouvent tant qu'ils veulent à l'étranger dans les âges voulus. Lorsque chez un marchand sérieux, je vois un beau cheval, *prenant six ans*, bien conformé, de 1^{m}60 environ de taille, bref un beau et bon hunter, je suis sûr, s'il m'est laissé dans les 2,500 francs, que ce cheval n'est pas français. Il n'eût pu se le procurer lui-même, en France, qu'à ce prix-là... et encore.

Jane, demi-sang charentais.

Kellermann, trotteur charentais.

Il faut donc, pour se trouver un cheval d'âge des Charentes, avoir des relations dans la région ; un ami pourra vous indiquer un propriétaire ou un éleveur désireux de se défaire d'un cheval du pays, qu'il aura gardé quelques années à son service.

Comme en Vendée, les éleveurs sont cependant en progrès dans le sens de l'infusion du sang pur, ainsi que dans le choix de l'étalon de demi-sang. Mais ce qu'on voit de plus suggestif depuis quelques années, c'est que chez cinq ou six éleveurs, 2 à 300 poulains du Midi (Tarbes, Gers, Ariège, etc.) sont importés la première année de leur naissance et élevés dans les pâturages plantureux de ce pays dont le sol est riche en phosphates d'alluvion. Ces poulains à trois ans y prennent une corpulence extraordinaire, de la taille, des os, en conservant un affinement, un degré de sang qui n'existe pas chez les sujets indigènes, et tout en apportant un bon modèle. Ces chevaux sont vendus pour la plupart au dépôt de Saint-Jean ; on se demande comment on va s'y reconnaître, car cet élevage d'importation est en voie d'extension.

Le cheval charentais *Kellermann* dont je donne la photographie est le type du vrai carrossier de Rochefort, fils de *Quibbler*, trotteur normand du dépôt de Saintes. *Kellermann* fut vendu 6,000 francs aux haras en 1891, et depuis, il a toujours fait la monte dans le pays où il représente le type carrossier.

Si sa mère avait été saillie par un cheval de pur sang, le produit eût été un cheval à deux fins, dans le genre fort hunter, car, dans ce pays, le sol est si favorable au gros, qu'il ne peut produire de chevaux légers.

Avant 1870, les marchands de Paris achetaient beaucoup de chevaux charentais. C'était là où se remontait M. Sainton, marchand de chevaux, qui y fit fortune.

En 1871, le gouvernement fit un arrêté pour que les haras diminuassent la taille des étalons afin de produire des chevaux de cavalerie. Malgré cette mesure, la plupart des chevaux atteignent 1^{m}65, question de sol.

CHAPITRE VII

Au pays d'élevage. — En Bretagne

EN BRETAGNE. — Petitesse de taille du hunter breton. — Sa rareté comme modèle parfait. — Historique. — Bonne renommée de rusticité du cheval breton. — Influence du pur-sang anglais. — Arabe. — Trotteur normand. — Norfolk. — L'étalon Corlay. — Trois régions d'élevage : 1° Le littoral de la Manche. 2° Le Léon. 3° La Cornouailles. — Les poulinières de la montagne bretonne. — Concours hippique de Saint-Brieuc. — Principaux éleveurs de demi-sang.

En Bretagne

On peut certainement trouver en Bretagne des chevaux osseux se rapprochant *en petit* du hunter. Ils sont malheureusement plus ou moins réussis, plus ou moins élégants, suivant le modèle des poulinières que les éleveurs livrent à sa production. L'élevage est très varié. Dans le même département on trouve les types les plus opposés selon la richesse du sol, le genre de culture, l'altitude, les méthodes d'élevage. Le cheval de selle n'existe pas en tant que production spéciale et uniforme : mais il arrive quelquefois que le croisement d'un cheval de pur sang, et parfois même, mais plus rarement, le croisement d'un cheval de demi-sang avec une jument forte donne un animal osseux ayant de réelles qualités. On rencontre des individualités de ce genre çà et là sans qu'on puisse jamais, ou presque jamais, assurer un acheteur d'en trouver sur un point déterminé. C'est l'avis d'un éleveur fort connu, homme de cheval et veneur par-dessus le marché : « Désireux de me remonter en chevaux bretons, je n'ai rien épargné pour élever moi-même, en Bretagne, des chevaux en vue de la chasse et, en outre, il n'y a guère d'années ou je n'aie parcouru les meilleurs centres d'élevage pour trouver des animaux d'un bon modèle, sains et robustes, sans regarder au prix.

« A part une jument gris truite, qui a fait onze saisons de chasse, ayant commencé à chasser à trois ans, je n'ai réussi, malgré mes incessantes recherches, qu'à trouver quelques bons chevaux de piqueux. »

Il faut prévenir le lecteur que mon correspondant n'aime que des chevaux d'un modèle hors ligne, avec des actions parfaites. Il est aussi beaucoup trop modeste en parlant de son élevage dont j'ai pu admirer au concours des produits superbes.

On a peu de données historiques sur le cheval breton. Je lis, dans l'*Hippologie* de M. Jacoulet, que les *Actes de Bretagne*, conservés aux archives de Quimper, font connaître l'importation de neuf étalons arabes vers 1212. Ces étalons formèrent le haras de Salles, près de Gouarec. De 1667 à 1789, les états de Bretagne donnèrent au pays des étalons arabes et anglais pour la selle, mecklembourgeois, danois et holsteinois pour le trait Depuis ces époques reculées, les étalons sont fournis par les haras et les particuliers.

Le cheval breton jouit d'une certaine réputation. Il est rustique et endurant.

Le comte Wrangel (*Das Buch vom Pferde*) les tient en haute estime et préfère, sans hésiter, les anglo-bretons qu'il a vus en 1878 et 1887 aux anglo-normands. Il les trouve moins enclins au lymphatisme. « Le cheval de la Bretagne, écrit-il, a maintes choses communes avec la population qui l'élève ; il est courageux, dur, fidèle et tenace... la patience persévérante est un trait commun caractéristique de la race bretonne à deux et quatre pieds. »

Les haras nationaux sont tout en Bretagne. De leur choix dépend le bon ou le mauvais élevage de l'année. Les cultivateurs sont trop pauvres pour entretenir ou élever des étalons dont ils ne trouveraient pas à se défaire.

L'administration des haras pourrait cependant et très facilement fournir à la Bretagne les moyens d'obtenir le cheval de selle, de taille moyenne, avec du sang, des membres, du gros, et ne pas, pour cela, contrarier la production du pays.

Le pur-sang a toujours donné les meilleurs produits, surtout quand il est étoffé et pas trop haut sur jambes.

L'arabe a fait d'excellents petits chevaux dans la montagne, mais trop petits (car la race indigène est elle-même petite), trop courts de lignes pour le commerce et les exigences actuelles de la remonte. Aussi, en dépit de toutes les théories, les éleveurs se sont toujours refusés à les employer. Les recherches faites dans les archives du dépôt de Lamballe, depuis une cinquantaine d'années, le prouvent avec évidence. Et cependant l'arabe bien choisi et bien approprié a réussi, avec la jument de trait bretonne, dans certains milieux intermédiaires et même sur la côte. Mais le cultivateur, avec raison, ne le prendra pour père qu'autant qu'il sera de couleur foncée et un peu étoffé ; la remonte, en effet, achète le moins possible de chevaux à robe blanche.

Quant au *trotteur normand*, d'après les éleveurs les plus autorisés de la Bretagne, il ne faut en user qu'avec une grande prudence. Encore le faut-il de petite taille et avec beaucoup de sang.

Il a très généralement donné mauvais quand la mère n'avait pas beaucoup d'origine. Ses produits de selle, dignes de ce nom, sont l'exception.

Du reste, les dépôts des haras, en Bretagne, n'ont pas un choix très remarquable en ce genre. A la répartition des étalons entre les différents dépôts de France, la Bretagne est faiblement défendue, mal partagée et servie la dernière. Mais, tout médiocres qu'ils sont, les normands sont nombreux dans les stations du pays. Ils ont fait des poulains au mauvais dos, impropres au service de la cavalerie.

Il en est du concours hippique comme des haras ; l'an dernier, 8,000 francs ont été supprimés dans les prix de classes du concours de Nantes pour être reportés à celui de Vichy.

Le norfolk-hackney, avancé en sang et près de terre (il y en a peu aux dépôts de Lamballe et d'Hennebont), employé avec une jument bien conformée et près du sang, produit de bons chevaux de selle, avec de la physionomie, de l'ossature et de très beaux mouvements.

Les norfolks *Prétender* et surtout *Flying Cloud* et son fils *Corlay* (1872) dont j'ai donné, d'autre part, le pedigree complet, ont fait beaucoup pour l'élevage breton ; on sait que la mère de *Corlay* n'a pas moins de quatre étalons de pur sang dans sa généalogie (deux pur-sang anglais, un pur-sang anglo-arabe et un pur-sang arabe).

Les produits de *Corlay* sont nombreux et bons. *Voltaire*, un de ses fils, a par sa mère *Mina*, très près d'elle, du sang des pur-sang *Eperon*, par *Sting*, et de *Kérim*, pur-sang arabe.

Le demi-sang indigène, né du croisement d'un pur-sang avec la poulinière du pays, réussit d'une manière très satisfaisante. C'est celui qui devrait, au point de vue des résultats pratiques, être le plus employé.

Les poulinières les plus aptes à la production du cheval de selle sont les poulinières indigènes améliorées, ayant conservé les qualités de la race : du gros, de la charpente, des muscles, près de terre.

La jument tarbes bien choisie réussit admirablement. Il y a en effet beaucoup de rapports entre la race de Corlay et la race tarbes. Les essais tentés avec les réformes des régiments de légère de la région ont donné des résultats qui mériteraient d'être encouragés.

On peut partager la Bretagne en trois régions, selon les catégories de chevaux qui y naissent :

1° Sur presque tout le *littoral de la Manche* on élève un cheval de trait, bien caractérisé, trempé, endurant, extrêmement recherché par le commerce et vendu à des prix relativement rémunérateurs. L'exportation en est très considérable, et beaucoup de très jeunes poulains vont prendre du volume et de la taille en Normandie ;

2° Dans tout *le Léon* on trouve un dérivé du cheval de trait, le postier, ayant plus d'élégance de mouvements et de sang que son ascendant, un postier genre norfolk, selon l'expression de M. Bénéteau, inspecteur général honoraire des haras ;

mais, à part de rares exceptions, ce n'est pas un cheval de selle ;

3° Dans toute *la Montagne et la Cornouailles*, surtout du côté de Corlay, on trouve un cheval qui conviendrait davantage à la cavalerie légère, comme taille, qu'aux dragons ; car il est en général d'autant meilleur qu'il reste petit ; il s'élève, en effet, dans un pays pauvre, au milieu de la lande. Sa taille utile varie entre 1^{m}52 et 1^{m}56.

Depuis quelques années, la *côte de Cornouailles*, de Quimper à Quimperlé, fournit à la remonte de beaux produits (qui cependant ne valent pas ceux de la Montagne), spécialement à Quimper, à Rosporden, Scaer, Bannalec ; mais les achats qu'on attribue parcimonieusement aux dépôts de Guimgamp, pour favoriser les dépôts normands, pourraient certainement être doublés et couverts par la production locale ; ceci dit pour toute la Bretagne.

Le type des chevaux du *Sud-Finistère* est le type artilleur et ligne. S'il est plus grand que celui de Corlay, il est plus commun et plus lymphatique. Il est moins énergique que celui de la Montagne proprement dite. Comme tous les sujets sont également communs, à quelques exceptions près, on trouve que cette race a une certaine homogénéité... On pourrait, sans danger, y infuser quelques gouttes de sang pur. Peut-être alors y trouverait-on des hunters. Mais, pour atteindre ce but, il faudrait une influence, jointe à des exemples, pour faire faire ce pas aux éleveurs qui, vendant bien leurs chevaux, s'en tiennent à ce qu'ils font. Le 15 avril, il y a une foire à Quimper, où on peut trouver des chevaux du Sud-Finistère. Cependant un gros marchand de la région, M. Le Louët, accapare à l'avance les sujets d'élite. On peut en voir quelques-uns au concours de Brest. Mais ces chevaux sont loin d'avoir le type et les qualités du hunter que possèdent les chevaux de la Montagne et de Corlay.

Chevaux de Corlay. — Certains cultivateurs du pays de Corlay ont un élevage assez important de demi-sang. Mais aucun ne peut être comparé aux grands centres des autres provinces françaises. Un Breton du pays de Corlay qui fait

Mina, demi-sang, bretonne.

du demi-sang le fait par amour du cheval, et si, malgré son sol admirable et son élevage pratique (en liberté sur un terrain dur et accidenté qui prépare le cheval à l'obstacle), il ne réussit souvent pas bien, la faute ne vient pas toujours de lui, mais de la vente de ses belles pouliches, non conservées pour la reproduction.

Une réaction sur ce dernier point se fait d'ailleurs en ce moment. Elle serait très efficace si de fortes primes de conservation étaient établies et si l'*étalon* était convenablement choisi.

Il faut partir de ce principe que les éléments, pour créer dans la montagne de Cornouailles (ce centre breton qui comprend une partie des Côtes-du-Nord et du Finistère), sont excellents pour la production naturelle.

Je ne saurais trop insister sur les qualités de fond, d'énergie, de résistance, de vitesse même de ces petits chevaux bien membrés et qui, réussis, sont loin d'être communs. Quelques-uns sont même très distingués.

De ces derniers on peut en trouver dans le pays, mais surtout on pourrait très facilement en faire.

Ils sont tous d'excellents chevaux à deux fins.

Le cheval de Corlay dépassant rarement 1^{m}55 est un peu léger, mais très trempé, très énergique et très résistant. Il est en même temps très rustique et très sobre. On fait, avec cette sorte de chevaux, de véritables tours de force de vitesse et de fond sur des distances de 100 et 120 kilomètres dans la journée. Une jument de ce pays a fait, au trot attelé, 48 kilomètres en une heure cinquante, et on m'a cité un cheval avec lequel on propose de parier 28 kilomètres en une heure au trot attelé.

Le cheval de selle, à Corlay, était obtenu autrefois par le croisement de la bidette du pays avec le cheval de pur sang anglais. Les résultats ont été bons. Mais les éleveurs, très amateurs de courses ayant toujours le poteau comme objectif, en continuant à avancer dans le sang d'une façon exagérée, étaient arrivés à produire des claquettes qui avaient de la vitesse et de la tenue sur les hippodromes, mais qui, dénuées de valeur commerciale, ont occasionné bien des déceptions à leurs propriétaires.

Dès le début, du reste, l'administration des haras avait favorisé les croisements avec le pur-sang, mais les étalons étaient mal choisis : l'étalon *Basque*, par exemple, a fait très mal, trop léger et décousu.

Le croisement en arrière s'est alors imposé. On a exagéré également dans ce sens par l'infusion du sang trotteur normand.

Or, ce cheval produit mal en Bretagne et ne peut que mal produire ; question de sol. Tout au plus, dans certains herbages un peu plus riches en herbe grasse, ce croisement pourrait-il réussir au point de vue spécial du trotting, mais encore faudrait-il y envoyer de bons étalons, au lieu d'écrémer toute la production de Normandie avant d'envoyer le rebut en Bretagne. Comme cheval de service le normand ne réussit pas, et ne réussira pas à y bien produire. Les poulains ont presque toujours mauvais dos et sont grêles dans leurs membres. Mais les haras sont encombrés de trotteurs normands, aussi en mettent-ils partout... Ces trotteurs sont trop grands, trop gros, communs et, bien que pourvus d'origine, n'ont pas assez de sang. Si les pur-sang donnaient des chevaux ficelles et décousus, les normands, eux, donnent des chevaux communs et décousus.

Le danger est de vouloir faire trop vite des chevaux trop grands...

Les essais faits avec le hackney norfolk ont donné les meilleurs résultats. L'étalon qui a marqué dans ce sens était *Corlay*, mort l'an dernier, je crois, après avoir longtemps fait la monte dans le pays ; de l'avis de tous, il a fait la fortune de la contrée. Ce cheval était le type qui convient le mieux au pays, un peu court dans ses lignes, très membré, près de terre, de taille moyenne (1^m57), il était fils de « Flying Cloud » et d'une fille de « Festival » (j'ai donné d'autre part sa généalogie complète).

Le comte de Robien possède de merveilleux produits de ce reproducteur (dont *Focking* ex-*Daman*). J'ai pu moi-même me rendre compte de l'excellence d'un fils de *Corlay*.

Tout le monde connaît les norfolk bretons, rouan-aubérisé, de M. Le Gonalès de Mézaubran, qui ont sauté à Paris des hauteurs remarquables.

Les haras ont tenté de donner des norfolk, spécialement à

Saint-Paul-de-Léon. Ceux qu'on y a envoyés, des *carrossiers*, étaient affreux à tous égards. Cela a été un tolle général, et les étalonniers en ont profité...

Il y a, dans la montagne bretonne, deux catégories principales de juments *poulinières*. Les unes sont plus ou moins avancées dans le sang, les autres, assez proches du cheval de trait, sont excellentes lorsqu'elles ont le caractère de la « bidette », c'est-à-dire de la petite jument trapue, très laitière, très bonne nourrice par conséquent.

Avec ces dernières, le cheval de pur sang donne généralement un excellent serviteur, cheval d'armes ou de chasse.

L'expérience a prouvé qu'on peut souvent retourner une fois encore au sang pur; mais après il faut s'arrêter, car, en avançant davantage dans le sang, les produits tournent facilement à la claquette, ainsi que je l'ai déjà dit plus haut.

Qu'on trouve le moyen de faire conserver en nombre les meilleures juments à l'élevage, qu'on encourage par des achats *réguliers* et suffisamment nombreux la production du cheval de sang, et la Bretagne sera susceptible de fournir d'excellents chevaux de cavalerie, sans parler des « artilleurs » qui y sont déjà légion.

On dit qu'une des causes du découragement des éleveurs de demi-sang bretons est que, dans les concours importants, ils subissent la concurrence des Normands, dont les chevaux ont plus de taille et sont peut-être mieux présentés. Le reproche est tout à fait fondé.

Le *Concours hippique de Saint-Brieuc* est celui où on pourra rencontrer de beaux demi-sang aptes à la selle.

Ils y sont présentés par des éleveurs dont les principaux sont : M. Huon, le comte Le Goualès de Mézaubran, le comte H. de Robien, propriétaire du beau *Focking* ex-*Daman*, norfolk breton (fils de « Corlay »), M. de Kerdrel, MM. Ruchou, Hervé, Lozac'h, Lebreton, Beaudoin, Martail, Queré, Le Rudelier, Lucas, Rivoallan, Le Tallec, Loudec, Lotou, etc., etc.

Il faudrait aussi citer tous les cultivateurs de la région.

Un bon fermier breton, malgré les déboires de l'élevage du

Norfolk, breton.

cheval de sang, a, par pur amour du cheval, une ou deux poulinières, suivant l'importance de sa ferme.

Mais le cheval de selle ne se trouve, pour ainsi dire, en Bretagne, que dans les cantons de Corlay, Saint-Nicolas-du-Pelem, Rostrenen, Mur, Gouarec-Scaer, Bannalec, le Faou...

Cet élevage est donc réparti entre les Côtes-du-Nord et le Finistère, qui produisent environ 2,500 à 3,000 poulains par an.

On ne peut l'acheter que chez le cultivateur, en se servant de courtiers ou de guides, vous menant de ferme en ferme, ou vous formant, moyennant une commission, des réunions de chevaux à un endroit désigné d'avance.

Il n'y a pas de foires pour ce genre de cheval; on n'y conduit que ceux qui sont tarés.

Les marchands n'existent pas, seulement quelques courtiers.

Les concours hippique et de dressage donnent lieu à de nombreuses transactions. La remonte en profite pour faire beaucoup d'achats et y est toujours représentée. Il y en a plusieurs en Bretagne : celui de Nantes, le plus important comme sommes distribuées, est organisé par la Société hippique française; puis Brest, Morlaix, Vannes, Rennes, Saint-Brieuc et Corlay.

Les meilleures réunions pour le nombre de chevaux de classe, type selle, sont : celle de Saint-Brieuc, qui dure quatre jours, et celle de Corlay, qui dure un jour.

On peut en connaître les dates en s'adressant aux mairies des villes où elles ont lieu.

Ces concours ont une très grande influence sur l'élevage et la vente des chevaux de selle. Ils devraient être plus encouragés par l'administration et subventionnés en proportion de leur importance, en dehors de toute question politique et de réclame électorale.

La production du cheval d'armes, surtout du cheval de légère, qui est la principale dans les cantons ci-dessus désignés, est très onéreuse pour les cultivateurs et ils l'abandonneraient, s'ils n'avaient l'espérance de récolter quelques primes dans les concours. L'administration aurait tout intérêt, pour trouver à se remonter en cavalerie, à donner de fortes primes, afin de conserver les plus belles pouliches de trois ans et les faire reproduire. Lesdites primes ne seraient distribuées que l'année suivante sur présentation de la jument de quatre ans, suitée de son poulain. Les autres juments, classées à trois ans, n'auraient à toucher qu'une simple indemnité de déplacement. C'est le but que cherche à atteindre la Société hippique des Côtes-du-Nord, et qu'elle ne peut malheureusement réaliser faute de capitaux nécessaires.

CHAPITRE VIII

Au pays d'élevage. — 1° Le Nivernais. 2° Le Charollais

1° LE NIVERNAIS. — « Normand », à M. de Bricourt. — La Société d'agriculture de la Nièvre. — Les pâturages. — Le modèle. — La taille. — Les robes. — La vitesse. — Les allures. — Cheval à deux fins. — Succès aux concours. — Poulinières. — L'étalon trotteur. — Le norfolk. — Ulrich, demi-sang trotteur. — Étalons de demi-sang; de pur sang. — Stromboli, pur-sang. — Éleveurs de pur-sang; — de demi-sang. — Société hippique. — Concours. — Écoles de dressage. — Prix d'achat. — Chevaux d'âge. — Foires.
2° LE CHAROLLAIS. — Les pâturages. — Le type des chevaux. — Réunions hippiques. — Le Charollais au concours de Paris — Supériorité du nivernais sur le charollais. — Étalons du haras de Cluny. — Éleveurs. — École de dressage de Charolles.

1° Le cheval nivernais

L'an dernier (1897), tout le monde a remarqué au concours de Paris un très bel alezan à balzanes haut chaussées, à forte liste en tête; malgré tant de blanc, ce cheval était très beau... peut-être un peu les jarrets « loin derrière lui ». Présenté par M. Chaniot, il appartenait à M. de Bricourt, l'un des meilleurs éleveurs de la Nièvre; ce cheval de demi-sang nommé *Normand* est le fils de *Stromboli*, pur-sang anglais.

Les chevaux de ce type-là ne sont pas rares dans la Nièvre; et s'il n'y en a pas davantage, c'est que, comme partout ailleurs, le cheval de gros trait a toutes les faveurs, car il est de vente plus facile, ainsi que le petit normand laid et vite au trot.

La *Société d'agriculture de la Nièvre* protège exclusivement l'élevage du cheval de trait et fait de gros sacrifices pour procurer aux éleveurs des étalons percherons. Naturellement l'élevage du cheval de demi-sang, du cheval de guerre, en souffre. Les fermiers trouvent dans le cheval de trait une source de bénéfices beaucoup plus considérables ; car il n'est pas rare de voir des poulains vendus à six mois de 500 à 600 francs, tandis qu'il faut attendre le cheval de demi-sang jusqu'à trois ans et demi ou quatre ans, pour en tirer un beau parti. De plus, les paysans craignent de mettre les poulinières de demi-sang aux travaux de culture ; elles ne sont donc bonnes qu'à la reproduction, tandis que les juments de trait produisent, tout en faisant les travaux de la ferme.

Le Nivernais possède des pâturages de premier ordre qui donnent de l'os et des muscles. Si on avoinait un peu les produits, ils deviendraient excellents.

Le cheval nivernais (je parle du cheval de selle) a généralement du type et quelquefois le modèle du hunter irréprochable. Ces beaux chevaux sont généralement vendus à l'âge de trois ans.

Le nivernais atteint souvent la taille de 1^{m}64.

La robe grise est la moins répandue ; elle est celle des meilleurs chevaux.

Le nivernais a de la vitesse au trot, mais il n'a pas les belles épaules, ni la cage thoracique de l'irlandais. Il a trop souvent la tête lourde et les épaules épaisses. Cependant, ce cheval change étonnamment en bien avec de bons soins et un bon exercice.

On galope généralement peu dans la Nièvre. Les gens qui vont à cette allure-là sont rares, et ceux qui sautent le sont encore plus. Tous les chevaux nivernais ont pourtant une grande facilité de galop quand ils n'ont pas été abrutis par l'entraînement au trot.

Les pieds du nivernais sont toujours bons. Ces chevaux un peu impressionnables ont beaucoup de fond.

Beaucoup chassent depuis douze à quinze ans tout en restant bien sur leurs pattes.

De plus, les chevaux de la Nièvre sont le plus souvent à deux fins. Ainsi depuis quelques années, ils ont su se faire remarquer au concours de Paris ; ils s'y feront certainement, d'année en année, une très large place, et l'élevage de la Nièvre sera rapidement en mesure de lutter avec les grands centres d'élevage.

Bien des sportsmen, bien des marchands qui ont parcouru cette province déclarent qu'on ne trouverait pas mieux en Irlande.

Les bons chevaux nivernais sont ordinairement le produit de demi-sang. Ce dernier croisement réussit mieux que celui du cheval de pur sang avec la jument de demi-sang. Ce qui nuit beaucoup à l'élevage du cheval de selle dans la Nièvre, et je le répéterai pour presque tous les pays de France, *c'est le mauvais choix des poulinières*

Il y a bien quelques étalons inférieurs, mais en général, ce sont les juments qui ne sont pas ce qu'elles devraient être. On prend en effet comme poulinières les juments impropres à tout service. Quant à se préoccuper de leur conformation, de leur origine : jamais.

Les gros fermiers ne veulent pas comprendre que s'ils avaient de bonnes poulinières, ils arriveraient à vendre leurs produits aussi bien qu'en Saône-et-Loire, où ils se vendent très bien. Certains préfèrent même aller en automne dans l'Indre, acheter de jeunes poulains qui se métamorphosent dans les prés nivernais et qui finissent par faire de bons troupiers.

En dehors de cette industrie, les fermiers se contentent d'avoir une ou deux juments de demi-sang qui produisent des poulains tout en faisant leur service. La Société d'agriculture du Nivernais, qui pousse au gros trait, n'encourage pas les éleveurs à se procurer des poulinières aptes à produire des chevaux d'armes.

On trouve encore en Nivernais quelques juments de chasse importées d'Angleterre, en petit nombre naturellement. Ce ne sont pas celles qui font le meilleur cheval. Elles donnent des produits indiquant un trop grand degré de sang, lequel dans ce pays se traduit par de la gracilité.

Les haras, d'après les dires des éleveurs, poussent uniquement au cheval *trotteur*, car tout ce qui est cheval de selle, à leur point de vue, doit descendre d'un cheval de pur sang ou

143

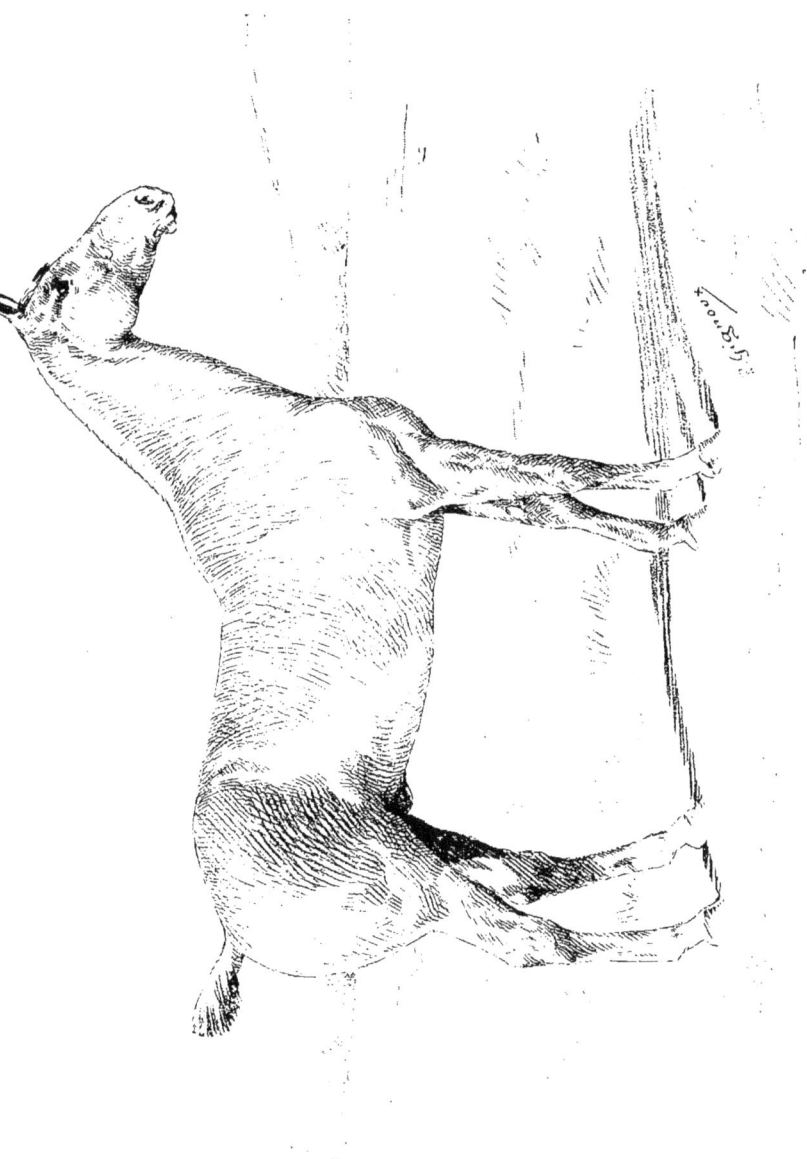

Nitrot, demi-sang nivernais.

d'un anglo-arabe. Ce dernier croisement est, dans la Nièvre, détestable, et heureusement on le fait peu.

Quant au *Norfolk*, il y en a des produits extraordinaires, mais uniquement chevaux de voiture.

Les étalons des haras sont généralement bons, malheureusement les meilleurs ne séjournent pas longtemps. On les garde pour le Saône-et-Loire, qui a de meilleures poulinières, protestent les éleveurs nivernais. Il y a eu à Nevers un étalon *Ulrich* qui en tant que modèle a fait faire d'énormes progrès à l'élevage.

Ulrich est par *Normand* et par une *jument* anglaise (*Normand*, par *Divres* et *Balsamine*, fille de *Kapirat*). *Ulrich* a par conséquent du sang pur venant de *The Juggler-Royal-Oak*, *The Heir of Linne*, etc. Ce cheval avait une particularité curieuse : net, il donne souvent des exostoses à ses produits. On m'a cité une de ses filles, qui avait sur le front deux petites cornes de 2 centimètres. Si j'étonne des amateurs, les vétérinaires ne s'étonneront pas de cette anomalie.

Ulrich donne aussi à ses poulains de mauvais jarrets à leur naissance ; tout finit cependant par s'harmoniser. Il transmet par contre à tous une énergie énorme.

En ce moment *Jaguar*, étalon trotteur, donne de beaux et bons produits. Et c'est tout naturel, *Jaguar* a de très belles origines. Il est fils de *Beaugé*, celui-ci petit-fils de *Kapirat*. La mère de *Jaguar* est *Belle Charlotte*, fille de *Phaéton* et d'*Harmonie*.

Jaguar a donc du sang de *Heir of Linne*, de *Galaor* et d'*Eylau*.

Ces trois derniers de pur sang.

Un autre bon reproducteur de demi-sang est *Bailleul*, le père bien connu du célèbre sauteur *Bistouri*, à M. le comte d'Havrincourt,

Si tous les demi-sang trotteurs produisaient ainsi, il est probable que leurs détracteurs n'auraient pas d'aussi bonnes raisons de leur faire la guerre ; mais si, bien choisis, ils réussissent dans la Nièvre, il n'en est pas toujours de même partout.

Comme *pur-sang*, la Nièvre a eu *Stromboli* ; c'est un cheval

Gladiateur, cheval demi-sang de la Nièvre.

qui donnait des produits de toute beauté. Il n'est plus malheureusement dans la région.

Les autres pères de sang pur dont les enfants ont été le mieux réussis sont *Caboul*, du haras de Cluny, *Saint-Denys*, qui fait petit; *Bernadotte*, anciennement au marquis du Bourg, présentement au vicomte de Saint-Genys, qui s'en sert en Bourbonnais.

La plupart des petites stations de monte mériteraient de meilleurs étalons que ceux qu'elles ont. Comme éleveur de pur-sang, il n'y a dans le Nivernais que le comte de Saint-Phalle à Huetz.

MM. le marquis du Bourg, à Prye; Jean Guyot, à Montigny-les-Causses; Nicaud, à Nevers; E. Guyon, à Saisy; Marion, à la Vallée; Bardin, à Chevenon; vicomte d'Auchald, à Beaumont-la-Ferrière, élèvent avec succès des demi-sang.

Les éleveurs de la Nièvre ont organisé il y a quelques années une *société hippique* à la tête de laquelle est le marquis du Bourg. Cette société a créé deux *concours*, l'un à Nevers à la fin de juillet, l'autre à Cercy-la-Tour, au commencement de septembre. Ces concours donnent de bons résultats et facilitent les transactions. Mais je dois avouer que les bons chevaux de cinq à six ans y sont rares, tous les meilleurs sont partis à l'âge de trois à quatre ans.

Quant aux *écoles de dressage* nivernaises, seule celle de Cercy-la-Tour, dirigée par M. Buccaud, mérite d'être citée.

En mettant 1.500 francs pour payer un hunter nivernais à trois ans, et de 2.500 à 3.000 francs, après cet âge, on pourra trouver un très beau cheval.

Mais en ne voulant pas « écrémer », en se contentant du modèle, en ne recherchant pas la grande vitesse, on peut pour 1.500 à 2.000 francs avoir de bons et beaux animaux de trois ans, que l'on est content de ramener à Paris où ils font aussi bonne figure que bien des irlandais authentiques payés le double.

En somme, les chevaux d'âge de vente courante sont des occasions, et on ne peut les trouver qu'avec une bonne connaissance du pays, un ami aussi complaisant qu'homme de cheval ou un courtier débrouillard et bien payé.

Car les foires hippiques sont nulles ; pour mieux dire il n'en existe pas pour les chevaux de demi-sang.

A Montigny-sur-Causse, la foire de chevaux de trait peut réunir par hasard quelques bons poulains de selle ; mais c'est chose rare.

2° Le cheval du Charollais

Les prés qui, dans cette région, s'étendent le long de la Loire, de l'Arroux et de la Bourbince sont superbes, sur un sol calcaire, immenses, presque jamais fauchés.

Là on trouve des chevaux de tous types, ayant beaucoup d'os et d'énergie. On arrive à faire grandir le cheval à des tailles bien inutiles pour la selle, 1m65, 1m68, mais tous ces chevaux ont de l'action.

Il y a des masses de courses, de petits concours organisés par la Société de Saône-et-Loire qui est riche. Ce pays est en progrès : on commence à y garder comme mères les meilleures juments.

A Paris, l'élevage du Charollais vu, du reste, d'un œil bienveillant par le jury, remporte beaucoup de prix. Il en mérite la plupart, comme cheval de voiture, de gros cob, de carrossier, mais pas comme hunter.

On peut en trouver cependant, si l'on n'est pas trop difficile. Il manque toujours de la légèreté voulue pour cela, mais les épaules et le thorax sont peut-être meilleurs chez eux que chez les chevaux du Nivernais.

Malgré tout, le nivernais a sur le charollais, comme hunter, la supériorité de l'irlandais sur l'anglais de comté aux gras pâturages.

Les étalons les plus demandés au haras de Cluny sont :
Triboulet, mort cette année, *Kümmel*, *Joli-Cœur*, *Emir*, tous demi-sang.

Il y a de nombreux éleveurs dont on peut voir l'élevage aux concours hippiques et surtout à celui de Paris.

Le comte de Sampigny, homme de cheval, éleveur convaincu, a plusieurs belles juments ; de plus, il achète des poulains dans les foires et dans les fermes, ce qui est plus difficile. Il ne se sert que d'étalons de demi-sang. Les sujets sont, aux concours, primés dans les tout premiers.

Le marquis de Croix fait aussi de ce genre d'élevage. M. Favin de Lafarge, à Ozolles, fait de jolis chevaux et s'attache beaucoup au modèle. Son lot du concours de Vichy dernier était ravissant, tous des types d'irlandais.

M. Favin de Lafarge vend souvent des chevaux de tête à la remonte.

M. Roux de Begienne a aussi un élevage considérable.

Viennent ensuite plusieurs éleveurs qui donnent volontiers leurs animaux à l'*École de dressage de Charolles*, dirigée par M. Chevalier. Là on trouve des chevaux de premier ordre, mais hors de prix, tant qu'il y a à l'horizon un concours à faire. M. Chevalier connaît le cheval, sait le toiletter selon son modèle. On a pu voir à Paris et admirer plusieurs de ses chevaux. On lui verra, sans doute, cette année présenter un quatre ans *Domino*, fils d'*Émir*, demi-sang. Ce cheval est tout à fait remarquable. Il aura certainement le premier ou le deuxième prix de sa classe.

On dit improprement : cheval du Mâconnais. Sans doute parce qu'il existe à Mâcon un dépôt de remonte. Cependant Mâcon ne produit que du vin et pas de chevaux. On doit donc nommer les chevaux de *Saône-et-Loire* : *des chevaux du Charollais*.

Obessa, demi-sang du Charollais.

CHAPITRE IX

Au pays d'élevage. — En Limousin

Excellence du cheval limousin pour poids moyen. — Ancienne renommée. — Influence du pur-sang. — Croisements utiles. — L'étalon de demi-sang du pays. — L'anglo-arabe. — Le normand. — Desiderata des éleveurs. — Poulinières. — Modèle du Limousin. — Taille. — Robe. — Éleveurs. — Prix d'achat des poulains. — « Boizard », vendu 10,000 francs. — Concours de Vichy. — La Souterraine. — La Creuse. — Haras de Pompadour. — Chevaux d'âge. — École de dressage de Limoges. — Concours du Dorat. — Foires

Le cheval du Limousin

Le lecteur voudra bien m'excuser s'il s'aperçoit que je traite avec une certaine bienveillance ce chapitre sur le cheval du Limousin.

C'est de cette province que sont sortis les meilleurs chevaux et les mieux conformés de tous ceux que j'ai eus ou que j'ai vus entre les jambes d'un homme de cheval, d'un officier ou d'un simple cavalier.

Ce n'est pas que le cheval du Midi ne lui soit supérieur en bien des points. Mais le Limousin peut porter un poids plus lourd que son voisin du sud.

On trouve, en effet, de beaux sujets en Limousin, du genre dit irlandais.

Le plus souvent ils sont faits avec de vieilles poulinières du pays et *des demi-sang* également du pays et descendant de l'arabe.

Derline, demi-sang anglo-limousin.

Car il existe encore dans cette région, et en particulier au Dorat, des poulinières ayant bien le type de la vieille race limousine, dont La Guerinière disait : « qu'elle était excellente pour la chasse » ; sous le Consulat ces chevaux étaient célèbres.

Le général d'Hautpoul en paya un près de 2,000 francs, ce qui était un prix pour l'époque. Napoléon Ier montait des chevaux limousins.

Plus tard on a voulu, dans un moment d'engouement exagéré, améliorer la race par l'infusion du pur sang anglais, ainsi que le déplore M. Joly, dans son livre si documenté sur l'intelligence du cheval. On l'a abîmée. Le pur-sang anglais ne réussit pas partout. En Limousin, il réussit presque toujours mal, *employé directement* comme *avec toutes* nos races légères.

Dans certains cas, cependant, il peut donner de suite de bons produits ; mais ils sont rares, car il lui faut des poulinières assez amples pour supporter le sang sans faire des « claquettes ».

Le sang pur, en effet, a une excellente influence sur les forts chevaux des gras pâturages. Il y combat le lymphatisme et l'empâtement des formes. Il donne la trempe.

Mais on n'a pas fait assez de cas de l'influence des milieux, et sous prétexte que les Anglais amélioraient officiellement leurs hunters et leurs chevaux d'armes par des pur-sang de fort modèle et bâtis en force, on a voulu essayer le même procédé un peu partout en France, et trop directement.

Le croisement dont on a toujours à se louer, c'est celui de la jument du pays ou de la jument faite au sol, bien acclimatée, avec les demi-sang du pays également.

Les étalons qui sont dans ce cas en ont donné la preuve dans la région, tels : *Bobereau*, *Ecot*, *Boussac*, *Zaïm*, etc.

L'emploi de l'*anglo-arabe* comme reproducteur est une grave erreur, quoiqu'il soit par lui-même, souvent, un *très joli* cheval de selle.

Mais la plus grande faute qu'on ait pu commettre est encore d'avoir voulu, pour donner du gros, employer l'*étalon normand*. Le croisement est complètement défectueux. Les produits en sont disharmoniques et sans os.

L'École de Saumur n'a reçu l'année dernière qu'un cheval

GABRIEL, demi-sang limousin.

limousin ; il est ordinaire, mais normand de père et de mère !

Les desiderata des éleveurs du pays, soucieux de reconstituer une race, jadis si justement célèbre, voudraient la rétablir *presque sur elle-même*.

Il faudrait pour cela que les Haras achetassent une vingtaine de poulains de demi-sang nés dans le pays, au sevrage, et nourris comme le sont les étalons de Pompadour ; ils donneraient des résultats parfaits.

Il faudrait aussi que cette même administration, dans les cas où l'on veut se servir du pur-sang, mît à la disposition des éleveurs des chevaux de pur sang plus faits en étalons utiles, et qu'au lieu d'acheter ce pur-sang sur des performances strictes, elle l'achetât en le considérant au point de vue du cheval de croisement ; car tel cheval qui n'a rien gagné pourrait souvent faire un excellent reproducteur... Ce n'est pas au poids de l'argent public qu'il a récolté que systématiquement le cheval doit être apprécié comme améliorateur.

En Limousin, les poulinières sont souvent admirables, mais les mâles ne sont toujours pas ce qu'ils devraient être.

Le modèle du limousin est exactement celui du hunter léger, dans son expression la plus élégante. Il ne faut pas s'imaginer que le type classique de cette race soit l'arabe, ni l'anglo-arabe ; pas du tout, ce sont des chevaux osseux, cornus, à superbe garrot, avec un galop bas et facile et un trot de l'épaule et non pas du genou, de belles encolures, une tête osseuse et carrée, un port de queue parfait. Ils sont un peu en lame de couteau mais avec une poitrine profonde, adroits, endurants, sobres et rustiques avec des aptitudes remarquables au saut. Ce sont de vrais chevaux de selle... et rien ne leur est plus désagréable que d'être attelés. C'est peut-être même leur seul défaut, comme celui de tous les chevaux du Midi, du reste, que de se montrer un peu délicats au dressage à la voiture.

Pour qu'un limousin soit bon, il ne faut pas que sa taille dépasse 1^m58 ; il est utile pour la selle à 54, et très utilisable à 50, s'il est compact, ce qui n'est pas rare.

Les robes les plus répandues et celles des meilleurs chevaux sont le gris (moucheté, truité, etc.) et l'alezan.

Les éleveurs les plus renommés à juste titre, non seulement

Hoc, poney pur sang par Volontaire.

à cause de l'étendue de leur industrie, mais à cause de leur dévouement au cheval du pays dont ils sont justement fiers, sont : MM. de Neuville, de Curel, de Labeige, Beaudon de Mauny, Perrichon, Villière, de l'Hermite..., je pourrais en citer cinquante autres.

Malheureusement la masse des chevaux part vers trois ans et demi. Leurs prix atteignent en moyenne 900 et 1,200 francs (je parle des poulains sortant de la prairie).

Le cas n'est pas le même lorsque ces poulains passent par une école de dressage où ils sont travaillés et nourris et où ils se développent d'une façon très appréciable.

J'ai vu M. Boyron, le directeur de l'*École de dressage de Limoges*, vendre aux concours hippiques de Paris des chevaux entre 4 et 5,000 francs, qui eussent pu partout passer pour des irlandais.

L'an dernier, *Boizard*, cheval limousin, a été vendu 10,000 francs ; ce cheval est né chez M. de Neuville. La mère de *Boizard* était par un étalon anglo-limousin et une jument de Lipizza ; son père un étalon anglo-arabe.

Le *concours de Vichy* est celui qui peut donner l'idée la plus juste de toutes les faces de cet élevage.

La Souterraine fournit aussi très souvent des chevaux d'un excellent modèle.

Le cheval de la Creuse a les mêmes caractères que le cheval du Limousin, puisqu'il est fait avec le même étalon et que le sol est le même que dans la Haute-Vienne.

D'ailleurs, la Creuse était autrefois comprise, au point de vue géographie hippique, dans ce qu'on nommait le Limousin. Cependant j'ai remarqué que les chevaux de la Creuse étaient plus compacts, plus aptes à porter du poids que les chevaux limousins proprement dits.

Le haras de Pompadour comptait en 1894 : 11 pur-sang anglais ; 18 demi-sang du Midi ; 22 normands ; 1 vendéen saintongeois ; 1 norfolk breton.

Les haras privés les plus connus appartiennent à M. le baron de Nexon et à M. de Vantaux.

L'amateur isolé peut trouver de très bons chevaux d'âge, soit chez les particuliers, ils ont presque tous de bons chevaux,

Doyenne, pur-sang anglo-arabe.

Maud, demi-sang limousin.

Trompeur, demi-sang limousin.

Vénus.

soit chez le paysan. Il n'y a qu'à les arrêter les jours de marché sur les routes.

L'*École de dressage de Limoges* réunit pour ses besoins de locations (vacances, chasses, préparation aux concours, soit pour les ventes à l'amiable) d'excellents chevaux choisis et dressés avec soin par son directeur, M. Boyron.

Quelques marchands tiennent encore cet article; mais plus rarement y trouve-t-on le cheval d'un bon modèle.

Le concours du Dorat réunit de ravissantes poulinières suitées de très beaux produits.

Le cheval limousin est régulièrement, depuis quelques années, acheté en bas âge pour être transporté en Vendée, où il double de volume en conservant son influx nerveux. Ces poulains viennent presque tous de la région du Dorat.

Les foires du Dorat et de Limoges sont assez bien fournies. On y voit des modèles ravissants, souvent malheureusement en très mauvais état.

Mais je le répète encore, ce coin de la France est le pays par excellence du cheval de chasse et d'armes pour poids moyen. Je n'ai jamais eu rien à reprocher à de tels chevaux, ni au harnais une fois confirmés, ni à la selle. Leur fond et leur énergie doivent faire pardonner par les sportsmen peu patients ou simplement maladroits, les difficultés de dressage, très exagérées du reste, imputables seulement à leur sang et leur vigueur originelle...

CHAPITRE X

Au pays d'élevage. — Les chevaux du Midi

Les chevaux de selle sont au-dessous de la Loire. — Géographie hippique du bassin de la Garonne. — Historique du cheval du Midi. — Étalons employés par les éleveurs actuels.
1° Le cheval du Médoc. — Élevage. — Poulinières. — Mauvaise hygiène. — Haras de Libourne. — Noms de quelques chevaux hunters de qualité. — Centres d'achats et éleveurs.
2° Le cheval du Midi. — Région où se localisent les meilleurs hunters. — Bons sauteurs. — Fond des chevaux dits « du Gers ». — Bonne influence de l'exercice. — Influence du sang. — Hackneys. — Avis de M. le marquis de Mauléon sur l'élevage du Midi. — Influence du pur-sang. — De l'anglo-arabe, du norfolk, du normand, le demi-sang du Midi. — L'élevage du pur-sang anglais et anglo-arabe. — Éleveurs de chevaux du Gers. — Importations de chevaux tarbais dans les Charentes et en Vendée. — Les poulinières. — La meilleure reproductrice. — Foires, concours. — Écoles de dressage. — Importations de chevaux américains. — Les courses au trot, les poneys du Midi.

Le cheval du Midi

Si je ne craignais d'être injuste en me montrant trop exclusif, je dirais que les chevaux de selle ne se trouvent qu'en dessous de la Loire. En France surtout, c'est le sol, et non pas les hommes, qui font le cheval.

Un sportsman du Midi me disait pittoresquement : « Pour moi, toutes les prairies où vous mettez un bœuf maigre et où vous allez chercher trois mois après un bœuf gras, font mal le cheval ». Ce paradoxe a un fonds de vrai, car, dans le Midi, les pâturages qui paraissent les moins riches sont ceux où on élève les meilleurs chevaux.

Pendrix, jument tarbaise.

Dès 1660, le duc de Newcastle décrivait le cheval du Midi de la façon suivante : « Les exemplaires réussis de cette race sont les plus nobles chevaux du monde, car de la pointe des oreilles jusqu'au sabot de derrière tout est beau en eux. Ni si légers que le barbe, ni si lourds que le napolitain, patients, courageux et aisés à dresser, ils brillent en outre par de magnifiques allures, leur pas, leur trot, leur galop ne laissent rien à désirer. Il n'y a pas, à mon avis, un cheval qui pourrait aussi bien convenir à porter un monarque dans une entrée triomphale ou sur un champ de bataille. »

En descendant des Pyrénées, où l'on fait ce joli cheval plein de sang et d'endurance, avec pourtant des membres trop grêles, et en suivant les cours d'eau qui viennent se jeter dans la Garonne, on voit, au fur et à mesure qu'on s'avance vers le nord, la race grossir, grandir, prendre de l'os et conserver sa qualité sous plus de volume. Mais quand on a dépassé Lectoure, Saint-Clar, Beaumont-de-Lomagne, la terre devient plus riche, plus fertile; les chevaux, eux, deviennent plus épais et perdent un peu de qualité. On arrive alors à la plaine de la Garonne, où l'on fait du bœuf et du cheval agenais. De l'autre côté de ce fleuve, vers Villeneuve-d'Agen, Cahors et Gramat, on produit encore de bons chevaux.

Le cheval du midi de la France doit certainement ses précieuses qualités *au sang oriental* transmis par les étalons des Maures, alors que les Pyrénées, seules, nous séparaient de leur empire, ainsi qu'à l'influence du climat, du sol et de la configuration du terrain.

Les éléments de croisement ont été si variés et si nombreux que, s'il faut en croire les dires de personnes expérimentées qui, dans leur grand âge, ont précédé notre génération, déjà dans leur temps, les différents types de chevaux indigènes n'existaient plus ou presque plus. Les quelques sujets qu'on rencontrait par hasard étaient bien dégénérés, petits et inutilisables à un service sérieux.

Avant la Révolution, les haras soignaient particulièrement la province de Bigorre (qui comprenait aussi la plaine de Tarbes). Elles y entretenaient 50 étalons et 1.300 poulinières. Tout fut, naturellement, balayé par la tourmente de 93.

En 1806, Napoléon Ier rétablit l'administration des haras, mais il ne put, cela va sans dire, reconstituer la race par le même décret.

Napoléon admirait beaucoup le cheval oriental. Il envoya de nombreux étalons de cette race à Tarbes, et tout paraissait marcher à souhait lorsque les années 1813, 1814 et 1815 vinrent de nouveau vider le pays de chevaux et de juments. La Restauration eut tout à refaire. Elle acheta sagement des étalons syriens.

Mais dès 1850, les haras essayèrent des croisements à tort et à travers : Le tableau de composition des haras de Tarbes à cette époque est fort instructif. Sur 100 étalons, 24 étaient de pur sang anglais, 10 arabes, 8 anglo-arabes, 48 de trois quarts sang, 10 de demi-sang.

Des documents remontant à 1877, qui considèrent ce qu'a produit cette incohérence dans les croisements, nous renseignent sur les résultats :

Les fils d'arabes purs ne pouvaient servir à la cavalerie comme trop légers et trop petits.

Le pur-sang anglais croisé avec des juments bien choisies, a fabriqué de bonnes poulinières quand l'infusion du sang n'a pas été poussée trop loin. Le pur-sang anglo-arabe n'a pas une hérédité stable, défaut qui s'est transmis jusqu'à nos jours à beaucoup d'étalons de cette race.

Les anglo-normands ont produit de mauvais chevaux.

Aussi est-il heureux qu'actuellement, une plus grande part soit donnée au pur-sang anglais *bien choisi*, et surtout au pur-sang anglo-arabe *amélioré*.

Car, si l'emploi aveugle et *malgré tout* du pur-sang anglais a donné de mauvais produits, ceux-ci n'ont pas été aussi nombreux qu'on a bien voulu le dire, et ce sont surtout les partisans des chevaux de trait qui en ont exagéré le nombre et les défauts, ainsi que les officiers de cavalerie lesquels souvent ne recevaient dans leur régiment que les déchets de l'élevage, grandes « bringues » quinteuses avec de mauvais membres et décousues.

Le proverbe : *Ab uno, disce omnes*, est surtout faux en matière hippique.

Ces errements sont à peu près abandonnés ; le reproducteur de pur-sang est plus judicieusement choisi, compact et près de terre.

On fonde aussi beaucoup d'espoir sur l'anglo-arabe comme améliorateur; on s'en occupe beaucoup à l'heure actuelle.

L'administration des haras a fait acheter, pour Pompadour, il n'y a pas longtemps, en Syrie, à la tribu des Anazès, campée sur les bords de l'Euphrate, des étalons orientaux du sang le plus pur, d'excellente conformation, de petite taille, avec de beaux membres. On espère, grâce à cette nouvelle infusion de sang pur, fixer un peu plus la race des anglo-arabes dont l'hérédité est encore douteuse.

Le meilleur croisement est le croisement alternatif de l'arabe et de l'anglais. C'est celui qu'on emploie avec des juments anglo-arabes, arabes, anglaises et de demi-sang du pays améliorées aussi par le croisement alternatif, car il faut rester avec soin dans des limites judicieuses pour ne pas affaiblir la dose du sang indigène.

L'étalon anglais peut être utilement employé deux fois de suite par le bon éleveur, c'est-à-dire par celui qui nourrit bien ses poulinières et ses poulains; sans cette précaution, il donnera des produits enlevés et ne valant absolument rien ; on ne doit donc s'en servir que dans les contrées très fertiles.

Quant à *l'arabe*, il n'est réellement utile comme étalon que s'il est employé alternativement avec l'étalon anglais.

L'*anglo-arabe*, je l'ai déjà dit, n'est pas assez fixé comme reproducteur.

M. Gayot est peut-être dans le vrai théoriquement quand il affirme l'aptitude de l'anglo-arabe à être un bon reproducteur parce qu'il est un cheval de race pure, l'anglais n'étant autre que l'arabe transplanté dans un nouveau pays et transformé par un mode d'éducation différent. Mais pratiquement il n'en est pas de même. Quoi qu'il en soit, l'anglo-arabe n'est pas encore employé couramment comme reproducteur par les éleveurs même qui le produisent.

Le *trotteur normand* et *le hackney-norfolk* ne peuvent rien faire de bon dans la plaine de Tarbes. La nourriture n'est pas assez substantielle pour le volume des produits. En revanche, dans les départements du Gers — ainsi que l'écrit le marquis de Mauléon — et la Haute-Garonne, les norfolk ont donné de très bons résultats. Cependant les haras — un peu trop exclusifs — ont remplacé ces étalons par des pur-sang anglais, des pur-sang arabes et anglo-arabes. Les éleveurs s'en plaignent, car ils faisaient pour le *commerce* de bons et jolis chevaux, bien que surtout des chevaux d'attelage. Comme cheval de service, le *bon demi-sang* est, je crois, le meilleur, plus calme que les produits de pur sang; plus fort, il est plein d'énergie et de force.

On fait en ce moment dans la plaine de Tarbes beaucoup de pur-sang anglais et d'anglo-arabes, au détriment du demi-sang qu'on a trop délaissé. Je crois cependant que d'ici peu d'années l'éleveur se remettra au demi-sang : il est moins coûteux, et d'une vente plus facile.

Le lecteur s'étonnera peut-être de ce que je déplore la fabrication du pur-sang dans le Midi, après avoir déclaré d'autre part que c'était le vrai cheval du sportsman. Mais il faut bien se persuader que le beau cheval de pur sang est difficile à élever, que son élevage rationnel n'est pas à la portée des petits naisseurs. Un bon cheval de pur sang coûte cher à établir. Tous ceux que j'ai vus, nés et élevés par le paysan ou le petit éleveur, étaient de pauvres petits chevaux graciles et décousus, ou d'énormes carcans mal plantés et sans aucune qualité. On ne peut donc conseiller aux cultivateurs, surtout à ceux du Midi, de faire des chevaux de pur sang ou très près du sang. Ni eux, ni les sportsmen n'y trouveraient leur bénéfice.

Dans le Médoc existe une race de très-bons chevaux. On y trouve le vrai hunter avec le sang et le poids, le sang pour courir un dur cross-country, le poids pour supporter un lourd cavalier.

La plupart des auteurs qui ont écrit sur les races de chevaux en France, se copient les uns les autres. Pas un ne s'est offert un petit voyage circulaire qui leur eût prouvé que, ce qui était vrai il y a cinquante ans, ne l'est plus maintenant. Ils reproduisent même dans leurs ouvrages les portraits des chevaux, le plus souvent laids et mal dessinés et ne ressemblant plus du tout au type actuel perfectionné. Ainsi je lis dans Cuyer et Alix au sujet du cheval médocain : « Il a la tête forte, empâtée, l'encolure droite, le rein long, la croupe courte, les côtes plates, le ventre volumineux, les membres faibles, les articulations étroites, les aplombs irréguliers ». MM. Cuyer et Alix écrivaient, il est vrai, en 1888.

Or le *cheval médocain* n'a pas ce type. Il n'en a pas de très défini, du reste ; on verra pourquoi plus bas.

Le Médoc commence à Pauilhac, suit la Gironde et finit à la mer. Ce pays se compose de vastes prairies, submergées pendant certains mois par l'eau du fleuve, qui, à cette hauteur, est fortement mélangée d'eau de mer. Ces prairies sont arides et sèches pendant l'été. Dans ces immenses plaines coupées de canaux, vivent, pour ainsi dire à l'état sauvage, de nombreux chevaux. Ils y demeurent toute l'année, sans autre nourriture que de l'herbe.

Les poulinières sont prises un peu partout, ce qui est un des gros défauts de cet élevage : une jument irlandaise ou anglaise est-elle arrêtée dans sa carrière de chasse, vite un propriétaire l'achète, et après l'avoir fait remplir par un trotteur du haras de Libourne, l'envoie dans un de ces marais pour le restant de ses jours. C'est là une bonne poulinière ; mais un accident de voiture arrive-t-il à une jument des tramways de Bordeaux (cette administration recrute sa cavalerie en Bretagne), le même propriétaire s'en empare et la fait saillir par le même trotteur. Un sort identique arrive à la jument anglo-arabe, etc. On ne cherche qu'à faire *du gros*, ce qui dans le Midi est une faute. Le gros doit être obtenu principalement par l'avoine, l'hygiène et l'exercice, surtout dans les régions méridionales.

Dans ces prés salés, les poulains, jamais rentrés, jamais pansés, jamais avoinés, dévorés vivants par les mouches d'été, finissent par faire de bons chevaux. Les mauvais n'ont pas résisté à ce mode primitif d'élevage. Ils ont assez de gros, et, bien choisis, bien dressés, bien avoinés, ils font trois chasses à Pau, alors qu'un irlandais n'en fait qu'une.

Pour qu'un tel élevage forme d'aussi bons chevaux, que serait-ce s'il était fait rationnellement. Mais que dire à ces excellents Bordelais qui répondent à vos remontrances sur l'alimentation insuffisante de leurs poulains : « De l'avoine !

Jument demi-sang du Midi.

Caramel (Médoc).

Hé pourquoi? Nos chevaux sont des buveurs d'air! » en vous montrant la direction de la mer d'un geste large!...

Quand ces éleveurs voudront donner un peu d'avoine à leurs juments pyrénéennes, quand les étalons seront des demi-sang du Midi, cet élevage donnera d'excellents chevaux.

Le haras de Libourne a peu d'étalons propres à régénérer les chevaux du Médoc.

Les moins mauvais sont *Équateur* et *Tobie* (demi-sang normands). Le meilleur et qui donne de très bons produits est *Bayard IV*. En ce moment on essaye d'infuser du sang anglo-arabe, grâce aux étalons : *Billière*, *Lionel* et *Moab*.

En somme, dans le Médoc, il y a de très bons chevaux, fils du hasard probablement, car il n'y a aucune suite dans cet élevage. On y rencontre des chevaux rappelant absolument le type hunter et en ayant les qualités de saut et de train : M. Lalande avait un cheval *Rayon d'Or*, absolument de ce modèle. Or, M. Lalande est un gros poids. Un de ses autres chevaux *Rébus* est dans le même genre.

Tout le monde a pu voir au Concours le sauteur extraordinaire du lieutenant Albaret *Caramel;* c'était un médocain.

Zamorra à M. Guidon qui a emporté la coupe cette année à Bordeaux; *Patatras* au marquis d'Ayguesvives, le vainqueur de l'Omnium de l'an dernier, sont aussi tous deux de ce pays. *Patatras* rappelait cependant peu le hunter. Les principaux éleveurs en Médoc se nomment MM. Lavoton, Guidon, Antony, Constant, Calvet; et les centres où l'on peut se procurer le cheval médocain sont Lesparre, Queyrac, Saint-Vivien, Soulac. La remonte achète très peu de ces chevaux, dont le prix moyen est de 1.200 francs.

Le cheval du Midi proprement dit, apte au service de la selle, à condition qu'il ne dépasse pas un certain volume, se trouve dans la région qui comprend les vallées de la rive gauche de la Garonne, sur la première moitié de son cours, c'est-à-dire le Gers, la Haute-Garonne et le Tarn-et-Garonne, la plaine de Tarbes et de Pau.

Les cantons de Saint-Gaudens et d'Aurignac dans la Haute-Garonne sont certainement les centres où on trouve les chevaux ayant le plus de modèle de hunter ; les chevaux de qualité y sont en plus grand nombre qu'ailleurs. Je crois qu'il faut attribuer le privilège dont jouissent ces contrées à la configuration montagneuse du pays qui ne permet pas aux habitants d'abuser de l'ardeur de leur chevaux, et qui règle, à leur insu, la vitesse et la durée de l'allure. Les chevaux y sont forcément plus ménagés, tout en travaillant d'une façon utile à leur développement. Les prairies, nombreuses et excellentes, sèches à flanc de coteau, se prêtent merveilleusement à l'élevage. Il faut aussi signaler certaines influences locales qui leur ont presque toujours assuré dans les stations d'étalons des reproducteurs de qualité. Les plus mauvais chevaux se font dans l'Aude, l'Hérault et le Gard.

Le marquis A. d'Ayguesvives, si parfait sur l'obstacle, achète ses chevaux dans toutes les régions du Midi, dans le Gers, à Tarbes, à Saint-Gaudens et ailleurs. Ce sont des animaux ayant absolument le type hunter et une fois dressés, plus gros sauteurs sur le fixe que ne le sont généralement les irlandais. Cette année-ci, il a acheté une jument qu'il a trouvée traînant la charrue dans la plaine de Montréjeau. Elle est extraordinaire et saute facilement avec 80 kilos, 1m58. Mais cette jument est une exception certainement.

La taille utile des chevaux du Midi ne doit pas dépasser 1m58, et plus ils sont petits, meilleurs ils sont. Ceux qui ne s'en sont pas servis ne peuvent se faire une idée de leurs qualités. M. Larregain, le célèbre loueur de chevaux de chasse à Pau, prétend qu'il n'y a que le Gers et l'Irlande qui puissent faire des chevaux pour suivre les laisser-courre de Pau. Quand on trouve un cheval du Gers assez fort pour porter 80 à 90 kilos, il vaut presque deux irlandais. Un cheval du Gers peut chasser trois fois par semaine, un irlandais une fois ou deux, tout au plus.

C'est un plaisir de voir, à Montauban, la remonte du régiment de dragons. Elle est fournie par Tarbes qui les prend dans le Gers... Voilà ce qu'on peut appeler des chevaux de selle... Beaucoup ont 1m59 et ils sont robustes et « vibrants » comme on dit dans le pays.

A vrai dire, le cheval de service qu'on y rencontre, soit chez les paysans, soit aux foires, paraît maigre, décharné, étroit.

Mais les soins et la nourriture complètent le type, car la charpente, l'os, y sont, et de bonne trempe. Il est même dommage qu'on songe à doubler *par trop* les chevaux du *Midi* avec du sang norfolk, on finira par avoir de petits carrossiers, ronds d'allures, comme on les aime maintenant. Le cheval du Midi pour être un peu plus compact n'a pas besoin de sang trotteur, mais bien de manger de l'avoine jeune et d'être soumis à une bonne gymnastique. Il ne faut pas cependant s'insurger aveuglément contre l'infusion du sang du *hackney du Norfolk* lorsque celui-ci est bien choisi, et employé avec une poulinière bonne à le recevoir, dans une région comme le Gers, apte à faire réussir le produit. M. le marquis de Mauléon, au sujet du croisement destiné à produire dans le Midi le cheval du type selle utile, me fait l'honneur de m'écrire :

> Pour arriver à ce produit, les facteurs sont : le reproducteur de pur sang en proportion dominante et le reproducteur de demi-sang indigène ou importé.
>
> Le croisement qui a donné les meilleurs résultats dans le Midi est celui du pur-sang anglais, du pur-sang arabe et du sang des *hackney-race* improprement appelés norfolk; le premier pour moitié, les deux autres en égale proportion.
>
> Le rôle du reproducteur anglais est de donner des lignes dans la construction même du squelette, c'est-à-dire de la longueur dans les rayons et aussi de la densité aux muscles.
>
> Le reproducteur arabe accentue la puissance des hanches, enrichit le sang et donne les qualités d'endurance qui rendent l'élevage moins onéreux et l'entretien de l'animal en service plus facile.
>
> Le reproducteur de demi-sang, s'il est bien choisi, qu'il soit trotteur, hackney ou autre, donne de l'ampleur, plus d'épaule et plus d'action. Je tiens à détruire le préjugé, ou plutôt les objections que l'on fait à l'emploi des étalons soi-disant norfolk, car ce mot que j'emploie à dessein a soulevé beaucoup de polémiques. On nous dit : Ces animaux sont des sujets et ne sont pas le produit d'une sélection suivie; par suite, ils ne peuvent fixer leurs qualités. C'est une erreur absolue. Lorsque je me livrais à l'élevage du demi-sang, j'ai voulu m'assurer moi-même de l'exactitude de ces dires, et je me suis rendu à Norwich, capitale du Norfolk, d'où j'ai pu rayonner dans tous les élevages des environs. Je me suis mis en relation avec le secrétaire de la société de la Hackney-race, ce qui prouve d'abord que cette race existe. Il m'en a montré le stud-book et m'a donné des détails très intéressants sur sa provenance et son maintien...
>
> On peut, il est vrai, contester la valeur des stud-books des différentes races de demi-sang, car le classement des reproducteurs ne repose pas,

comme l'a établi la Société d'Encouragement, sur un fait matériel et indiscutable : la victoire dans une course. En effet, les encouragements donnés à la simple inspection du reproducteur par une commission qui ne peut le juger que sur sa conformation et ses allures et non sur sa qualité, ont une valeur bien moins grande.

Cette manière de procéder a donné cependant des résultats : tous les animaux que j'ai vus possèdent bien les mêmes caractères, et les donnent à leurs produits.

On dit aussi que l'étalon Hackney-race (1) doit être employé avec discernement. Cet argument a sa valeur ; autant les juments pleines de sang lui conviennent-elles, autant doit-on éviter de leur donner des juments communes, du moins dans le Midi.

Mais si l'augmentation de volume est donnée par le croisement, c'est-à-dire par l'infusion d'un sang de reproducteurs à tissus plus grossiers et plus communs, il est certain qu'en principe la qualité, la trempe, le sang diminueront en raison de l'augmentation du volume. Si au contraire, l'influence climatérique et la nature du sol interviennent dans la production de cette augmentation de volume, les sujets peuvent acquérir du gros dans une certaine proportion, tout en conservant leurs qualités. Mais chaque ouvrage et chaque cavalier demandent un modèle, un volume, une action, une qualité, un train différents. Il ne faut pas croire qu'en toutes circonstances le gros soit indispensable.....

D'autre part on lit dans le traité d'hippologie de M. Jacoulet :

Les éleveurs ont voulu faire plus grand, plus fort, pour augmenter le nombre de leurs acquéreurs, ils ont malheureusement été encouragés dans cette voie : l'administration des haras a mis à leur disposition des

---

(1) Le *Hackney du Norfolk* (d'après M. Touchstone) est un cheval de trot léger « pouvant porter du poids, et dont la taille de 1^{m}50 environ à l'origine, ne doit pas actuellement dépasser 1^{m}60 ».

Cette race a été obtenue par le croisement de pur-sang avec les meilleures juments du Norfolk et du Yorkshire, possédant elles-mêmes du sang à un très haut degré, ayant au trot des aptitudes de vitesse, de *régularité* et de beauté d'allure.

Bien que l'action très relevée du genou, si à la mode maintenant, ne caractérise pas le cheval de selle, comme le hackney projette énergiquement ses antérieurs en avant et qu'il trotte d'une façon parfaitement régulière, qu'il est de petite taille, on conçoit que, et surtout dans le Midi, il doive être, comme étalon de croisement, préféré au reproducteur normand. Il a en effet presque toujours le modèle de cheval de selle. (Voir, dans le numéro 75 de l'an 1897 du *Sport universel illustré*, le portrait de Lady Keguigham, jument hackney).

« Le mérite, écrit le comte Wrangel dans le *Buch vom Pferde*, d'avoir attiré l'attention des éleveurs continentaux sur cette précieuse race revient à l'administration française des haras. Le norfolk était considéré comme perdu, lorsqu'on s'aperçut en France qu'il était excellemment disposé pour corriger l'action défectueuse du trot chez d'autres races, ainsi que pour rétablir l'équilibre entre le sang et la conformation dérangé par une tendance à l'anoblissement poussée trop loin. Il s'ensuivit donc une forte importation d'étalons du Norfolk parmi lesquels *Champion*, *The Colonel*, etc., qui ont exercé sur les anglo-normands une influence considérable. »

chevaux de pur sang anglais, des *demi-sang normands ou anglais* (*Norfolk*). Les résultats ont été défavorables et il ne pouvait en être autrement, car on ne doit pas demander l'ampleur des formes, l'élévation de la taille aux seuls ascendants, mais surtout aux conditions de milieu.

M. Jacoulet est complètement dans le vrai pour l'influence néfaste du trotteur normand sur nos races méridionales. Quant au hackney du Norfolk, non seulement M. de Mauléon, mais beaucoup d'autres éleveurs se plaisent à reconnaître les services qu'il peut leur rendre. Car s'il fait compact, il ne fait pas trop grand. Le pur-sang anglais a, surtout anciennement fabriqué, des modèles « équivoques ». Il était mal choisi, et même bien choisi, employé aveuglément.

Je dois donc dire ici quelques mots de l'élevage du *pur-sang anglais* lequel est fabriqué pour lui-même, dans le Midi, sans aucun souci d'amélioration d'élevage local proprement dit.

L'élevage du pur-sang anglais se fait sur une plus vaste échelle que celui du pur-sang anglo-arabe. Il est surtout fait par les éleveurs riches qui « travaillent pour l'amour de l'art ». Quelques-uns ont acquis un juste renom, tels : le marquis de Castelbajac (à Caumont, Gers) qui a fait naître *Gil Pérès* par « Vignemale » et « Gipsy » et que l'État a payé 60,000 francs, et dont un autre produit par « Gipsy » et « Courlès », a été vendu l'an dernier à Deauville 22,000 francs.

La plupart des éleveurs de Tarbes ont suivi le mouvement, ayant à leur avantage la proximité du haras, l'influence de M. E. Blanc et de M. Fould, qui leur donnent de bons étalons dont les fils se vendent à des prix très élevés et rapportent des primes à l'éleveur. Naturellement, ces chevaux se vendent d'autant plus cher qu'ils sont de meilleure origine. Mais, au point de vue « cheval du Midi », cet élevage cosmopolite est très peu intéressant et très peu pratique, car il fait tout consister dans l'origine et éloigne de la reproduction des étalons améliorateurs, moins chargés de performances, mais de meilleure construction.

Seul ou presque seul, le petit propriétaire fait de l'élevage d'*anglo-arabe* pour réaliser des bénéfices. Presque tous les chevaux de cette race naissent dans les plaines de Tarbes et de Pau. Les meilleurs sont destinés à faire des étalons et sont vendus aux éleveurs qui s'adonnent à cette spécialité. Ce sont eux surtout qui essayent de faire œuvre utile et de cela il convient de les féliciter.

Au nombre de ces derniers il faut placer en tête M. de Juge qui a élevé *Ben-Maksoude*, que l'État a payé 14,000 francs. M. Dubois-Godin, de Puech-del-Sol (Aveyron), M. Fourcade Peyroube (de Tarbes), M. Ayrol (de Bagnères-de-Bigorre), M. Viguerie (de Toulouse), M. de Basignac, M. Descat, Pugens, comte de la Roque-Ordan, Bastiot, Touzet, M. de Vernet, etc. Peu de leurs élèves se sont signalés comme reproducteurs.

J'ai parlé plus haut du manque de fixité de la race anglo-arabe, mais elle donne de bons chevaux de remonte, de manège, parfois de carrière, quand leur élevage a été bien soigné. Ils sont très appréciés à l'étranger. Le gouvernement du Japon a acheté cette année des anglo-arabes dans la plaine de Tarbes. Après la campagne du Tonkin, le mikado avait déjà fait acheter comme étalons les quelques chevaux de spahis qui avaient survécu. La Société sportive d'Encouragement, depuis le vœu émis par M. Bajac, conseiller général des Hautes-Pyrénées, a alloué quelques crédits aux courses régionales d'anglo-arabes. On sait qu'à Auteuil, un prix spécial fut créé pour eux, mais jusqu'ici il n'y a que des fils d'anglais qui y aient figuré. Cet essai a été l'objet de beaucoup de critiques de la part de certaine presse sportive. Cette dernière se préoccupe généralement fort peu de la qualité des chevaux qui courent, et encore moins des encouragements à donner à la race chevaline.

Il faut savoir gré aux haras d'apporter tous leurs efforts à l'amélioration, à la fixation de la race anglo-arabe. J'ai parlé déjà des achats faits en Syrie.

A ce propos je me demande comment on n'a pas pensé à conserver une *race orientale pure en Algérie* dont les chevaux indigènes, au lieu d'être améliorés, ont été abîmés par des croisements maladroits, ainsi que le constate le général du Barail dans des mémoires. On reproche, en effet, aux arabes élevés hors de leur mère-patrie de perdre leurs qualités

Rutilant, pur-sang anglo-arabe.

Mak, pur-sang anglo-arabe, type demi-sang du Midi.

natives; le haras de Tarbes en possède cependant quelques-uns de bons, nés et élevés en France.

L'administration des *haras* a le tort de sacrifier des sommes considérables à l'achat de chevaux anglais et de trotteurs normands, en se préoccupant trop de leur pedigree, de leurs performances, au préjudice des anglo-arabes qui jusqu'ici ont été achetés des prix dérisoires. Et cependant on a pu constater dans le Midi que des chevaux peu brillants sur le turf, comme *Vignemale* et *Bay Archer*, payés des prix très ordinaires, avaient utilement et remarquablement racé, tandis que d'autres chevaux qui avaient une grande valeur en courses, n'ont rien fait de bon comme reproducteurs.

Mais il serait injuste de méconnaître l'orientation nouvelle prise cette année par les Haras qui ont payé aux éleveurs des prix plus raisonnables les chevaux de tête présentés à Toulouse en octobre dernier. Ils y ont acheté vingt-cinq animaux dont les plus hauts prix ont atteint de 12,000 à 15,000 francs.

Les meilleures *juments poulinières* améliorées sont celles appartenant à la race dite *bigourdane*, qui se trouvent un peu dans tout le Midi chez l'éleveur soigneux et en plus grande agglomération dans les plaines de Tarbes et de Pau.

Les juments de cette race à laquelle M. Gayot dans son ouvrage : *La connaissance générale du cheval* a consacré un chapitre sous ce titre : *Chevaux de demi-sang, race bigourdane améliorée*, sont : 1° tantôt le résultat du croisement de la jument indigène avec l'étalon *anglais*, lorsque la poulinière est fille d'arabe pur (le poulain qui a toujours 25 0/0 de sang arabe est qualifié demi-sang anglo-arabe); 2° tantôt le résultat du croisement de la jument indigène avec l'étalon arabe lorsque la poulinière est fille d'anglais (alors le poulain qui a toujours 50 0/0 de sang arabe est qualifié de pur-sang anglo-arabe).

C'est ainsi que par l'alternance du sang anglais et du sang arabe se perpétue cette excellente race bigourdane.

Il faut pourtant signaler le manque de sens pratique de certains éleveurs qui choisissent mal leurs étalons en faisant saillir, par exemple, une petite jument par un étalon de très haute taille et *vice versa*. De ce rapprochement, parfois trop disproportionné du sang anglais et du sang arabe, résulte chez le produit de graves défectuosités.

Quand la race d'anglo-arabes de pur sang sera mieux fixée, elle sera un intermédiaire parfait en s'interposant entre le sang anglais et le sang arabe.

En l'état actuel, on peut choisir pour se remonter entre un produit près de l'anglais et un autre près de l'arabe. Si le premier, qui a un modèle plus sportif, a plus de vitesse, le second a plus de qualité comme rusticité et endurance, il a aussi assez de vitesse pour faire un excellent troupier; mais beaucoup de sportsmen n'aiment pas leurs allures et je les comprends sans peine.

En dehors des juments bigourdanes on ne trouve guère dans le Midi que quelques poulinières d'origine souvent inconnue du côté de la mère, ayant des affinités avec toutes les races, presque toujours à deux fins, parfois très bonnes poulinières, mais dont la remonte, avec raison, n'aime pas les produits, car leur modèle ne se rapproche pas assez du type de cavalerie légère.

Il en est cependant qui remontent parfaitement les gendarmes et pourraient devenir d'excellents serviteurs de cavalerie de ligne, si cette arme ne s'approvisionnait de préférence dans les contrées du Nord et de l'Ouest.

Ces juments peuvent se distinguer, selon les contrées, par certaines particularités qu'il est assez difficile de décrire. Elles sont toutes filles d'arabes, d'anglo-arabes, d'anglais, de normands ou de norfolk, et leurs produits changent de taille suivant la richesse de leur pays d'élevage, l'hygiène et l'exercice auxquels ils sont soumis.

C'est ainsi que dans certaines contrées du Gers et de la Haute-Garonne, quelques chevaux anglais membrés et étoffés ont donné d'excellents résultats. *Héros* par exemple, qui a pendant longtemps fait la monte, à Samatan (Gers).

L'arabe a de son côté produit des effets analogues dans l'Ariège et les Landes.

Car le Midi ainsi que beaucoup se l'imaginent à tort n'est pas un milieu homogène comme sol et conditions climatériques; suivant les endroits la race pourra être améliorée, au point de vue selle, par des étalons très différents d'origine.

On a essayé, dans le temps, d'employer la jument irlandaise comme poulinière. J'ai été à même d'en voir de bons produits. Cependant dans la plupart des régions, surtout dans la plaine de Tarbes, les résultats ont été mauvais ; outre que l'accouplement est difficile, et la fécondation très problématique, les produits sont presque toujours la caricature de leurs auteurs.

Le plus grave défaut de l'élevage consiste surtout dans le mauvais choix et le mauvais entretien des poulinières, qui par-dessus le marché sont livrées au premier cheval venu ; elles sont dans les mains du petit éleveur : or la plupart d'entre eux consacrent à l'élevage le rebut de leur écurie. Ils vendent les bonnes pouliches à la remonte ou au commerce. L'éleveur, de plus, nourrit mal les juments et leurs poulains. Dans certaines régions elles sont laissées dehors toute l'année et mangent ce qu'elle trouvent. Car, s'il fait de l'avoine, le paysan préfère la vendre.

Dans d'autres régions, les animaux d'élevage sont rentrés dans la mauvaise saison et renfermés dans des espèces de porcheries où tous les soins hygiéniques leur font défaut ainsi que toute nourriture réconfortante. La plupart du temps les juments vont au marché une fois par semaine attelées à une jardinière, car, dans le Midi, les chevaux ne servent ni à la culture, ni aux charrois.

Mais il faut constater que, si, depuis quelques années, l'élevage a fait des progrès dans le sens hygiène, il n'en a pas encore assez fait dans le sens nourriture.

La création d'une jumenterie nationale serait donc dans le Midi de la plus haute importance. Elle y serait mieux placée qu'à Pompadour, et lui permettrait de posséder un lot de poulinières capable de faire naître de bons reproducteurs et de renouveler avec succès l'essai tenté par M. Gayot pour créer la race anglo-arabe.

Beaucoup de poulains nés dans la plaine de Tarbes (qui est le seul coin du Midi où il y ait vraiment une jumenterie indigène) sont transplantés dans le Gers, la Haute-Garonne, le Tarn-et-Garonne, ils y prennent du volume et des membres. Les plus marquants d'entre les éleveurs de cette région sont : MM. le marquis de Castelbajac, Descat, le marquis de Mauléon, le comte de La Roque-Ordan, de Juge, de Ruble, Dubois-Godin, Pugens, Viguerie, etc.

Comme dans tous les autres pays d'élevage de France, le petit naisseur du bassin de la Garonne ne résiste pas à la tentation de vendre ses meilleures juments. Il ne garde que celles qui sont refusées par la remonte.

En effet les remontes achètent à trois ans et demi les juments bien faites, à bon dessus. Et les juments mal conformées rentrent à la métairie. Si l'étalon qui les féconde est un arabe, ou un anglo-arabe à dos mou, le défaut est encore exagéré. Je crois que c'est là l'origine de bien des dos défectueux qui tarent d'excellents sujets d'autre part.

Le prix moyen des chevaux est subordonné à leur race, leur taille, au service auquel ils sont aptes. Jusqu'à 1^{m}51, la remonte ne les paye pas au-dessus de 1.000 francs ; à 1^{m}52 et au-dessus, certains poulains sont payés jusqu'à 1.800 francs.

Les chevaux faits sont très rares dans le pays ; on peut en trouver dans les écoles de dressage, quelquefois aux voitures de paysans les jours de marché, chez les loueurs de ville d'eaux après la saison, chez les marchands dans les grandes villes. Il est cependant difficile à un marchand de réunir une demi-douzaine de chevaux faits, à jour fixe.

La remonte opère généralement ses achats au mois d'octobre. On peut suivre le comité. On trouve également, dans les concours, des poulains qui sont présentés à Auch, Mirande, Condom, Lectoure, etc.

Les foires sont aujourd'hui dépourvues de jolis chevaux. On n'y mène que les animaux refusés par les remontes et par conséquent de la dernière catégorie.

Cependant les foires de Rabastens et de Maubourguet (Hautes-Pyrénées), Pau et Nay (Basses-Pyrénées), sont très suivies des amateurs, car elles sont le rendez-vous de tous les « guides » des stations thermales.

Si on habite le pays, si on ne recherche qu'une taille moyenne, on trouve facilement son affaire. Quand j'étais jeune homme et que j'allais dans la Haute-Garonne passer mes vacances ou mes congés, je trouvais parfaitement pour 500 à 800 francs un ravissant et excellent cheval qui, à Paris ou dans toute autre région, en eût certainement valu le double ou le triple.

Les palefreniers des stations de monte sont (dans le Midi, comme dans les autres contrées d'élevage) les personnes les mieux renseignées. Ils connaissent les propriétaires qui ont des chevaux à vendre et sont au courant de tous les petits potins hippiques de leur arrondissement.

On peut aussi se rendre soi-même dans les centres de production les jours de concours, lesquels ont lieu toujours en août et septembre.

La région ayant la population chevaline la plus dense est celle qui s'étend entre Tarbes et Bagnères-de-Bigorre. Les éleveurs y sont très nombreux.

Les quelques équipages de chasse laissent comme résidu à Pau et à Biarritz d'excellents chevaux.

On trouve aussi des chevaux d'importation américaine et des chevaux de réforme retapés.

A Bordeaux, l'école de dressage, qui jouit, sous la direction de M. Barailhe, d'une réputation méritée, est un intermédiaire excellent.

Qui ne connaît l'école de dressage de Tarbes, directeur M. Burguès, auquel reviennent, avec raison, tant de succès aux concours.

J'ai parlé de chevaux américains. Voici ce que m'écrit à leur sujet M. Barailhe que je viens de nommer :

« Nous sommes envahis par des chevaux américains qui vont lentement, mais à coup sûr, tuer notre élevage. Comment voulez-vous lutter contre des chevaux de *six ans*, qui nous arrivent au prix de 600 ou 700 francs? »

C'est assurément un danger. Bordeaux est un point de débarquement fort bien choisi. Mais je doute que, pour ces faibles prix, un cheval américain vaille un cheval du Midi. Le *bon* cheval américain coûte cher en France. La cavalerie américaine est mal remontée et le beau hunter y coûte le même prix marchand qu'en Angleterre. Le remède est donc à côté du mal. Les acquéreurs des chevaux importés du nouveau monde (ce sont presque tous des marchands) finiront par garder pour compte ces animaux un peu « camelotte ». Les chevaux américains de tête vont tous à Paris ou en Belgique, où ils sont payés le même prix que les autres hunters... majoré depuis quelques mois du droit d'entrée de 200 francs par tête.

On rencontre aussi çà et là des chevaux normands et saintongeois qui servent de carrossiers de luxe. La Bretagne et le Perche envoient des chevaux de trait utilisés dans les pays viticoles.

Quand aux courses au trot, elles ne peuvent avoir dans le Midi aucune importance au point de vue élevage. Elles ne paraissent réservées qu'aux simples amateurs de ce sport, qui font courir généralement des chevaux tarés ou hongres.

Je n'ai pas parlé des excellents poneys au-dessous de 1m50 qu'on rencontre partout dans le Midi.

Je donne ici le portrait d'un poney, qui avec des actions brillantes et régulières fait son kilomètre en 2' attelé, et porte allègrement un cavalier de poids moyen.

Ci-joint le tableau de la répartition des étalons de l'administration des haras dans le Midi, répartition fixée à la date du 16 janvier 1897.

AURILLAC. — 75 étalons :

6 pur-sang anglais. | 17 pur-sang anglo-arabes.
5 — arabes. | 47 demi-sang.

PAU. — 128 étalons :

19 pur-sang anglais. | 48 pur-sang anglo-arabes.
21 — arabes. | 40 demi-sang.

POMPADOUR. — 92 étalons :

11 pur-sang anglais. | 21 pur-sang anglo-arabes.
19 — arabes. | 41 demi-sang.

TARBES. — 156 étalons :

34 pur-sang anglais. | 48 pur-sang anglo-arabes.
27 — arabes. | 47 demi-sang.

VILLENEUVE. — 73 étalons :

11 pur-sang anglais. | 27 anglo-arabes.
14 — arabes. | 21 demi-sang.

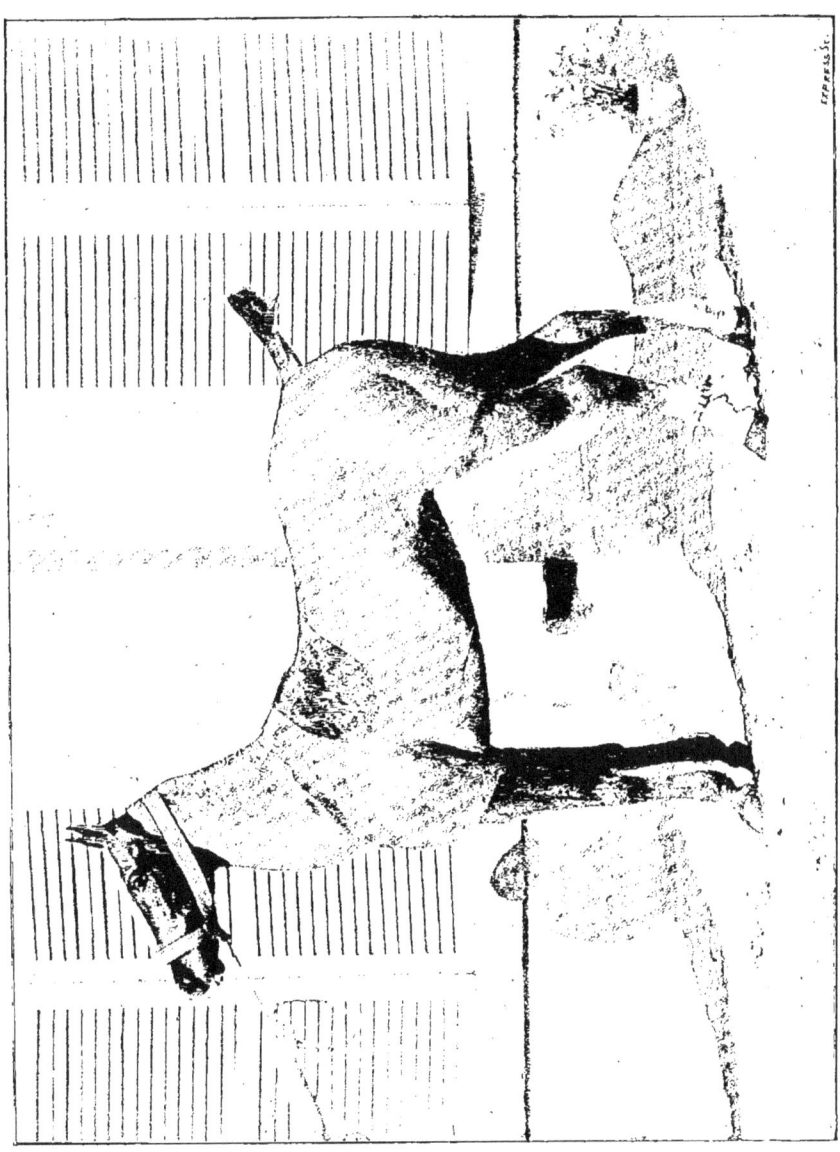

Panchito.

FOIRES AUX CHEVAUX

les soixante-treize plus importantes de France, classées par ordre alphabétique de départements

(Extrait de la *Photographie hippique*.)

DATES	CHAMPS DE FOIRES	SORTES DE CHEVAUX ET OBSERVATIONS	MÉDECIN-VÉTÉRINAIRE
11 octobre.	Bayeux (*Calvados*). Foire Saint-Luc.	Poulinières de 1/2 sang; chevaux et juments de luxe (Calvados et Manche). — Durée : 2 jours.	M. Rattier, à Bayeux, rue Saint-Floxel.
1er novembre.	Foire de la Toussaint.	Chevaux d'armes et de commerce. Réunion de premier ordre.	M. Gallier, à Caen, rue Sainte-Anne.
4 mars.	Caen (*Calvados*).	Cette foire succède au *Concours de dressage* (mercredi et jeudi des Cendres), où paraît l'élite de la production normande. — Durée : 4 jours.	Idem.
28 avril.	Foire de Caen.	Beaucoup de chevaux de trait. Dans les foires de Normandie, les acquisitions les plus importantes se font la veille dans les écuries, ou le matin du premier jour à la première heure.	Idem.
1er sept.	Condé-sur-Noireau (*Calvados*).	Foire importante, chevaux de trait léger. — Durée : 1 jour.	
8 août.	Falaise (*Calvados*). (Guibray; 7 jours.)	La plus grande foire de Normandie. Chevaux de luxe et de toutes catégories.	M. Leclerc, à Falaise.
1er et 2 juil.	Formigny (*Calvados*).	Chevaux et juments de luxe et de remonte. — Durée : 2 jours.	M. Barbey, à Mandeville.
18 juillet.	Saint-Omer (*Calvados*). La Sainte-Claire.	Chevaux normands de toutes catégories. Choix nombreux la veille, à Pont-d'Ouilly.	M. Leclerc, à Falaise.
23 et 27 sept.	Vire (*Calvados*). La Saint-Michel.	Chevaux d'âge et poulains de culture. — Durée : 8 jours.	M. Blondeau, à Vire.
4 mars. 11 juillet.	Rochefort (*Charente-Inférieure*).	Foires importantes pour les chevaux 1/2 sang et de luxe. (Les affaires importantes se traitent souvent en dehors.) — Durée : 8 jours.	M. Bignoneau, à Rochefort, rue Lafayette.

FOIRES AUX CHEVAUX

Date	Lieu	Description	Renseignements
7 et 21 mars.	Dinan (*Côtes-du-Nord*). Foire du Liège.	Les plus grandes foires de Bretagne. Chevaux entiers et poulains de gros trait et de trait léger.	M. Deschamps, à Dinan.
29 sept.	Lannion (*Côtes-du-N.*). Foire de la St-Michel.	Chevaux et juments de trait, races de Tréguier, de Rostrenen et de Corlay. — Durée : 3 jours.	M. Tanguy, à Tréguier.
20 avril, 16 novembre.	Bergerac (*Dordogne*). Foire de la St-Martin.	Chevaux de toutes catégories, du Limousin, du Midi, bretons, normands.	M. Faure, à Bergerac.
30 avril.	La Laitière (*Dordogne*), à 5 k. de Saint-Aulaye.	Foire principale. Poulinières, chevaux du Midi, poulains, saintongeoises et de Dordogne.	M. Audemard, à Ribérac.
8 juillet.	Montpazier (*Dordogne*).	Toutes catégories de chevaux du Limousin, de l'Auvergne et du Midi; poitevins 1/2 luxe. — Durée : 4 jours.	M. Faure, à Bergerac.
26 mai.	Périgueux (*Dordogne*). La Sainte-Mémoire.	Importante réunion. Grand choix de chevaux du Limousin. Quand le 26 tombe un dimanche, la foire est remise au 27. — Durée : 2 jours.	M. Peynaud, à Périgueux.
29, 30 et 31 mars.	Bernay (*Eure*). La Foire Fleurie.	Chevaux de toutes catégories pour l'artillerie. Les affaires importantes se traitent les jours précédents dans les écuries. — Durée : 3 jours.	M. Souchet, à Bernay.
11 mai.	Chartres (*Eure-et-Loir*). Foire des Barricades.	Les affaires se traitent dès le 9 pour les gros chevaux percherons; le 10, chevaux de quatre et cinq ans, entiers ou hongres, et trait léger. — Durée : 3 jours.	M. Vinsot, à Chartres, rue du Grand-Cerf.
30 novembre.	La Saint-André.	Plus importante. Le 28, étalons et chevaux de limon; le 29, chevaux de poste; le 30, poulains: huit jours avant dans les écuries. — Durée : 3 jours.	Idem.
25 novembre.	Courtalain (*Eure-et-L.*). La Sainte-Catherine	Chevaux de service et poulains. — Durée : 1 jour.	Idem.
14 mars.	Chassant (*Eure-et-Loir*).	Chevaux et juments percherons. — Durée : 1 jour.	Idem.
15 sept. 16 juin.	Senonches (*Eure-et-L.*). La Saint-Cyr.	Bon choix de chevaux de trait. — Durée : 1 jour.	M. Saint-Denis, à Dreux.
9 juillet.	La Martyre (*Finistère*).	Importante réunion de tous chevaux bretons et normands; chevaux de la *Montagne*, selle et demi-luxe; juments de Léon, poste et demi-luxe; chevaux et juments de poste de Saint-Renan; poulains poneys de Brest, de Châteaulin, de Briec, de Carchais, etc.	M. Le Clec'h, à Lesneven. (Finistère).

187

DATES	CHAMPS DE FOIRES	SORTES DE CHEVAUX ET OBSERVATIONS	MÉDECIN-VÉTÉRINAIRE
5 mars, 29 août et 9 s.	Le Folgoët (*Finistère*).	Grand choix de chevaux de poste et de trait : chevaux et juments de Saint-Renan et de Saint-Pol-de-Léon.	M. Le Clec'h, à Lesneven. (Finistère).
6 avril.	Sommières (*Gard*).	La plus importante de la région. Chevaux de toutes provenances : mules du Poitou.	M. Massot, à Nîmes, chemin de Montpellier.
30 novembre. La Saint-André.	Toulouse (*Haute-Gar.*).	Chevaux de toutes catégories et de toutes races, surtout du Limousin et du Midi : chevaux de luxe. — Durée : 8 jours.	M. Lignon, à Toulouse.
25 juin. 30 août, 11 n.	Bazas (*Gironde*).	Chevaux légers de race anglo-arabe ; chevaux de remonte. — Les trois foires durent chacune 2 jours.	M. Caussé, 5 et 7, rue Fondaudège.
16 sept.	Ste-Hélène (*Gironde*).	Bon choix de poneys des Landes.	Idem.
5 novembre.	Pont-St-Marcel (*Indre*).	Très importante. Chevaux de toutes provenances, du Limousin et de la Creuse ; bons trotteurs légers. — Durée : 2 jours.	M. Chaput, à Issoudun.
25 juillet. 20 août.	Saint-Justin (*Landes*).	Poneys landais ; chevaux de selle et d'attelage : mules. — Durée : 3 jours.	M. Buran, à Mont-de-Marsan.
6 décembre.	Droué (*Loir-et-Cher*).	Chevaux percherons : grand choix de poulains. Foire importante. Chevaux hongres, jumeuts percheronnes ; grand choix de postiers.	M. Poitier, à Mondoubleau.
4 mars. 9 octobre.	Mondoubleau. La Saint-Denis.	Plus considérable. Si le 9 octobre tombe un dimanche, la foire est remise au 10.	Idem.
1er février, 15 mars, 25 avril.	Nantes (*Loire-Infér.*).	Chevaux de toutes races : bons postiers ; quelques chevaux de sang. Affaires importantes 3 jours avant, dans les écuries.	M. Doussain, 11, rue Scribe, à Nantes.
26 juillet.	Pont-Rousseau, 3 k. de Nantes.	Idem.	Idem.
25 avril. 20 août.	Gramat (*Lot*).	Bons petits chevaux du Quercy, très résistants, excellents pour la cavalerie légère.	M. Cocula, à Saint-Germain (Lot).
1er mai. 6 août, 12 nov.	Angers (*Maine-et-L.*).	Bon choix de chevaux d'Anjou, carrossiers et postiers. — Marchés à Angers tous les deuxièmes mardis du mois.	M. Guittet, à Angers.

FOIRES AUX CHEVAUX

Date	Lieu	Description	Renseignements
12 juin	Folligny (Manche)	Chevaux anglo-normands et juments de trait léger, de luxe et de service ; chevaux de fiacre pour Paris.	M. Toupé, à Avranches.
30 mai	La Pernelle (Manche)	Chevaux de remise ; belles juments de poste du Val-de-Serre, les plus renommées de Normandie ; poneys de la Hague. — Durée : 2 jours.	M. Lemarquand, à Valognes.
17 sept.	Saint-Floxel (Manche)	Le premier jour concours de poulinières, le plus beau de France. — Durée : 2 jours.	Idem.
22 juillet	Saint-Lô (Manche), La Madeleine	Juments de trait léger et à deux fins. Les ventes importantes se font la veille.	M. Manoury, à Saint-Lô.
29 mars, 22 juillet	Mayenne (Mayenne), La Madeleine	Chevaux de toutes races, de trait ; poneys renommés de Prez-en-Pail, de Carrouges et de Domfront. — Durée : 1 jour.	M. Mahérault, à Mayenne.
15 octobre	Moutigny-sur-Cannes (Nièvre)	Principale foire du Nivernais : chevaux de toutes catégories ; bons chevaux de chasse du Morvan.	M. Cheurlin, à Châtillon-Bazois.
25 novembre	Breteuil (Oise), La Sainte-Catherine	Race boulonnaise, de trait ; poulains.	M. Chantarcau, à Clermont (Oise).
1er février	Alençon (Orne), La Chandeleur	Une des plus considérables de Normandie ; chevaux de la plaine de Caen et du Merlerault : commence le 1er février. — Durée : 2 jours.	M. Letard, à Alençon.
11 mars	Foire du grand lundi	Presque aussi importante que la précédente. Commence le dimanche et dure deux jours.	Idem.
30 novembre	Mortagne (Orne), La Saint-André	Très importante : poulains, chevaux cutiers, juments de poste, poulinières. — Durée : 3 jours.	M. Fromont, à Mortagne.
9 octobre	Le Pin (Orne), La Saint-Denis	Exhibition des étalons de 1/2 sang de trois et quatre ans présentés à l'administration des haras.	Idem.
19 mars, 27 août	Nay (Basses-Pyrénées)	Chevaux du Midi, poulains, poulinières, race de Nay, la plus réputée de la région ; mules et mulets. — Durée : 3 jours.	M. Aubugeault, à Nay.
4 mars, 3 juin, 12 novembre	Pau (Basses-Pyrénées)	Poulains et poulinières ; chevaux de selle, de cavalerie légère ; chevaux d'attelage ; mules et mulets.	MM. Larrouy père et fils, à Pau.

DATES	CHAMPS DE FOIRES	SORTES DE CHEVAUX ET OBSERVATIONS	MÉDECIN-VÉTÉRINAIRE
17 mai. 13 juin. 17 octobre.	Rouen (Seine-Inférieure).	Grand choix de chevaux de gros trait et de trait léger. Les affaires importantes se traitent à l'avance dans les écuries.	M. Philippe, à Rouen.
7 mai	Niort (Deux-Sèvres). Commence le 4 mai.	Chevaux de toutes provenances : chevaux de service, chevaux de fiacre pour Paris, mules et mulets. — Durée : 4 jours.	M. Dumont, à Niort.
19 mars. 26 juillet. 13 octobre.	Montauban. (Tarn-et-Garonne).	Chevaux légers du Midi, poneys des Landes : mules et mulets.	M. Villeneuve, à Montauban.
24 juin.	Fontenay-le-Comte. (Vendée). La Saint-Jean.	La plus importante de l'Ouest : poulains de gros trait de deux et trois ans : chevaux de chasse et trait léger. — Durée : 3 jours.	M. Mercier, à Fontenay.
12 novembre.	La Garnache (Vendée).	Chevaux de 1/2 sang : beau choix de poulains et pouliches.	M. Doussain, à Challans.
21 mars. 18 octobre.	Poitiers (Vienne).	Beaux choix de chevaux du Poitou et de Vendée, de luxe et d'attelage, de selle et de gros trait : mules et mulets. — Durée : 2 jours.	M. Girotteau, à Poitiers.
22 mai. 16 juin.	Limoges (H^{te}-Vienne). La Saint-Loup.	Chevaux de toutes provenances. — Durée : 2 jours : quand le 22 mai tombe un dimanche, la foire est remise au 23.	M. Serre, avenue du Midi à Limoges.

PRINCIPALES FOIRES D'ANGLETERRE ET D'IRLANDE

Les villes ci-dessous ont chacune plusieurs foires par an. Nous ne marquons que les plus importantes.

Transport du voyageur (de Paris à Londres et au champ de foire : aller et retour, 1re cl.) : de Paris à Londres, 118 fr. 75 ; de Londres à Lincoln, 47 fr. 15 ; — à Horncastle, 46 fr. ; — à Howden, 62 fr. 35 ; — à Newcastle-on-Tyne, 95 fr. 70 ; — à York, 67 fr. 50 ; — à Dublin, 119 fr. 40 ; — à Northwall, 106 fr. 25 ; — à Limerick, 125 fr. 60 ; — à Ballinasloe, 137 fr. 50 ; — à Cahirmee, 125 fr. (Cahirmee est à 5 kil. de la gare de Mallow).

Transport du cheval, gr. vitesse du lieu d'origine à Londres et à Paris : Angleterre : — Pour Londres, de Lincoln, 61 fr.; — de Horncastle, 42 fr. 60; — de Howden, 54 fr. 20; — de Newcastle-on-Tyne, 87 fr. 70. — Irlande : — Pour Londres, de Limerick, 119 fr. 50; — de Cahirmee, 144 fr. 50; — de Dublin, 90 fr.; — De Ballinasloe, 125 fr. 40; — De Londres à Calais; 70 fr. — De Calais à Paris, 43 fr. 70.

DATES	CHAMPS DE FOIRES	SORTES DE CHEVAUX ET OBSERVATIONS	MÉDECIN-VÉTÉRINAIRE
Dernière semaine d'av. 12 août.	Lincoln (*Lincolnshire*). Horncastle (*Lincolnshire*).	Réunion de premier ordre, excellents chevaux de chasse, de selle et de trait. Les chevaux arrivent huit jours d'avance. La plus importante d'Angleterre; chevaux d'attelage des meilleures classes, bidets anglais. A la fin d'octobre, autre foire de chevaux de charrette. — Durée : une semaine.	H. Howse, Park Street, à Lincoln. R. W. Clarke, à Horncastle.
2 octobre. 28, 29, 30 octobre. Du 15 au 21 décembre.	Howden (*Yorkshire*). Newcastle-on-Tyne. (*Northumberland*) York (*Yorkshire*).	Renommée pour ses chevaux de chasse. Beaux spécimens de chevaux d'attelage et de chasse, bidets et jeunes chevaux de service. — Durée : 3 jours. Très beaux chevaux de chasse et d'attelage. Cobs et poneys. Chevaux de remise pour les armées d'Europe.	J. Brigham, à Howden. J. Aikin, Newcast.-on-T. Pickering et Stewart, à York.

IRLANDE

12, 13 juillet.	Cahirmee (*Co. Corks*).	La plus belle réunion d'Irlande. Majorité de chevaux de chasse et d'attelage. — Durée : 4 jours.	James Preston, à Cahirmee.
25, 26 avril, 31 octobre.	Limerick.	Chevaux faits et dressés. — Durée : 10 jours.	Idem.
9 octobre. Id.	Dublin. Ballinasloe (*Co. Galways*).	Chevaux de premier ordre au moment de l'Exposition. Importante réunion, l'une des plus grandes d'Irlande, chevaux de chasse et d'attelage, de trait; chevaux dressés ou non dressés. — Durée : 5 jours.	Lewis Montray, à Dublin. Idem.

Typographie PAUL SCHMIDT, Paris-Montrouge (Seine).

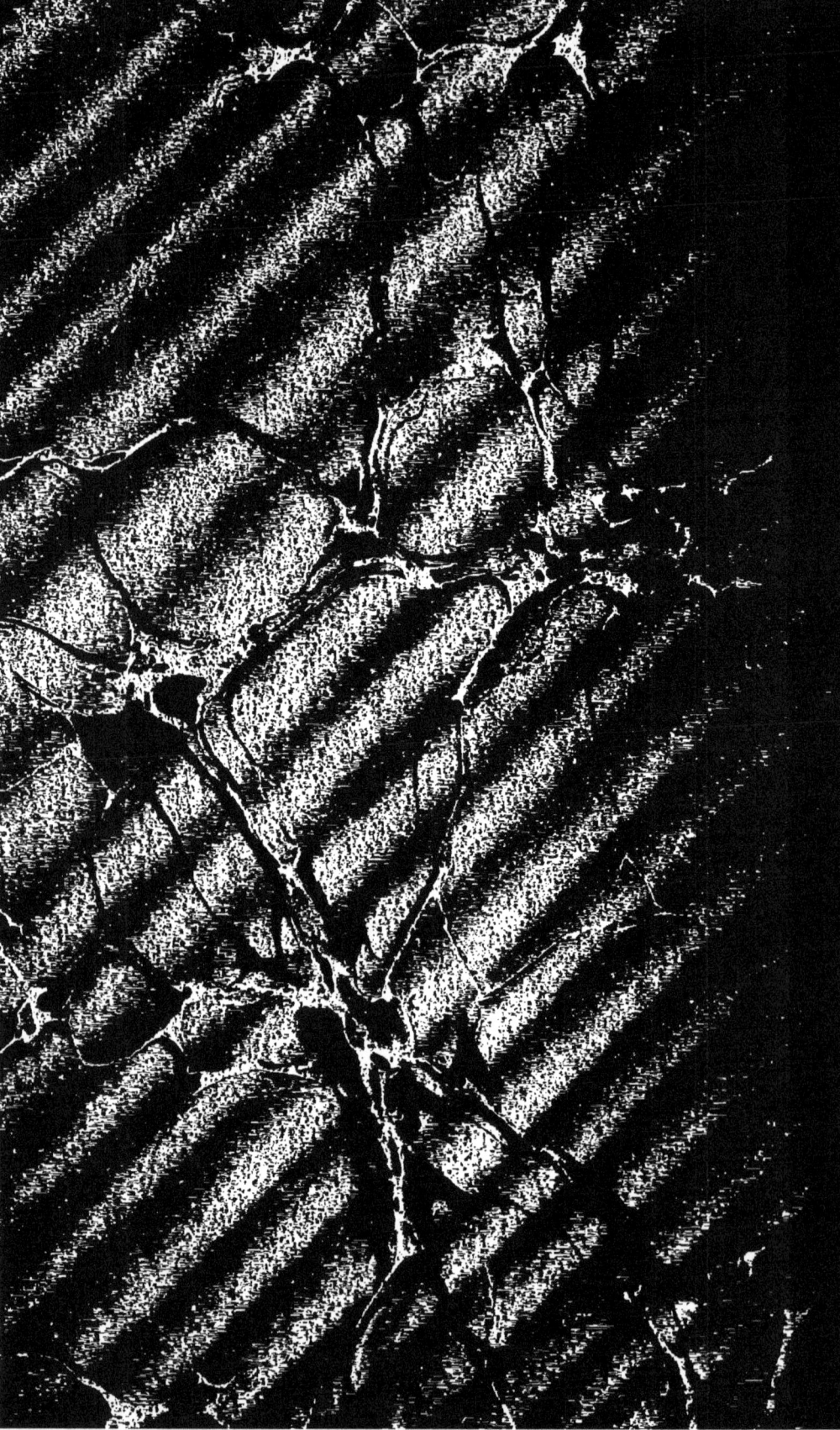

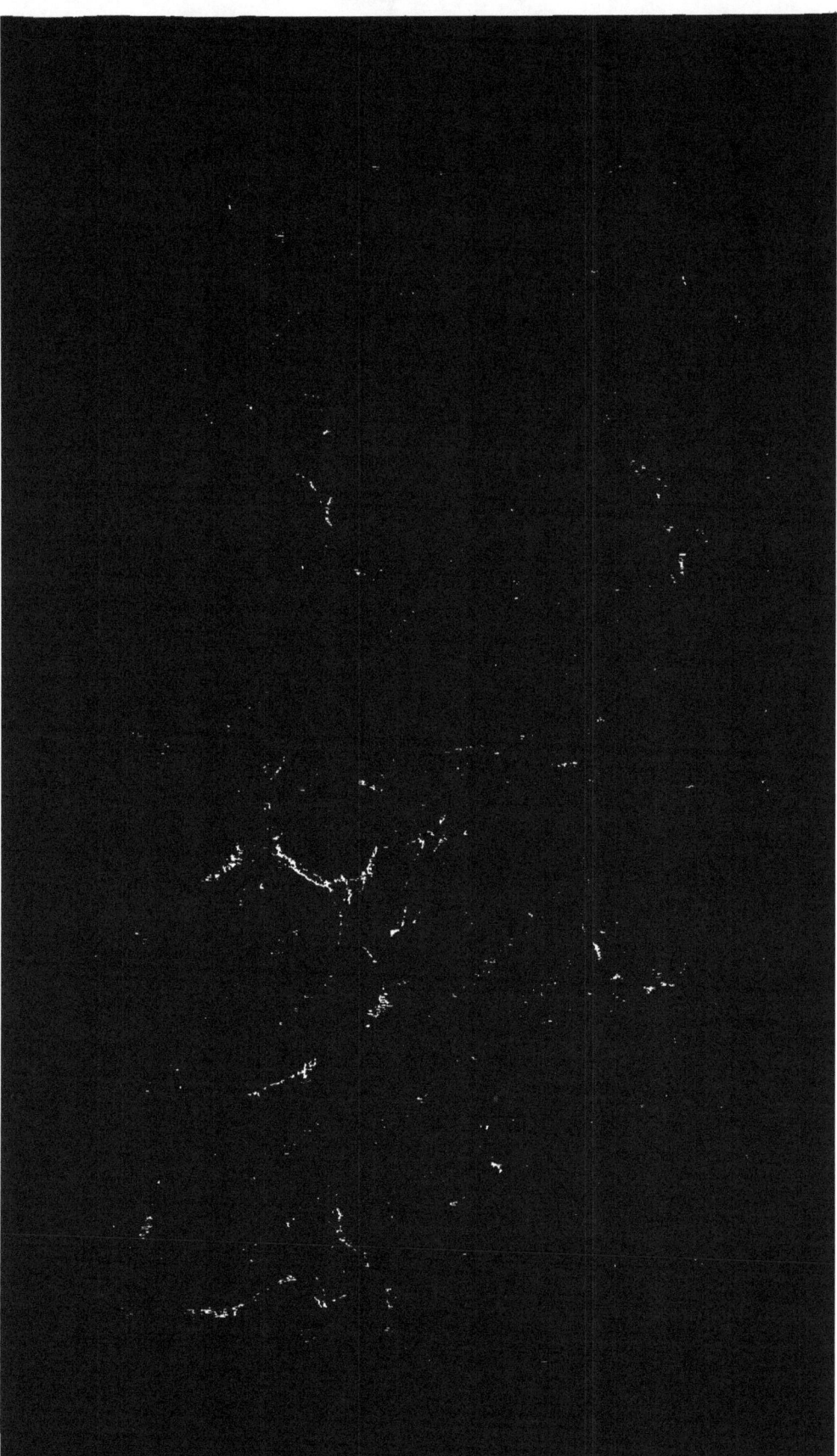

www.ingramcontent.com/pod-product-compliance
Lightning Source LLC
Chambersburg PA
CBHW061959180426
43198CB00036B/1647